有钱人
是这样赚钱的

[日] 高桥丹 著　朱悦玮 译

世界のお金持ちが実践する
お金の増やし方

高橋ダン

湖南文艺出版社
HUNAN LITERATURE AND ART PUBLISHING HOUSE　博集天卷
CS-BOOKY

著作权合同登记号：图字 18-2021-297

图书在版编目（CIP）数据

有钱人是这样赚钱的 /（日）高桥丹著；朱悦玮译
. -- 长沙：湖南文艺出版社，2022.4
ISBN 978-7-5726-0612-0

Ⅰ. ①有… Ⅱ. ①高… ②朱… Ⅲ. ①投资—通俗读物 Ⅳ. ①F830.59-49

中国版本图书馆CIP数据核字（2022）第036677号

上架建议：投资理财

YOUQIANREN SHI ZHEYANG ZHUAN QIAN DE
有钱人是这样赚钱的

著　　者：[日]高桥丹
译　　者：朱悦玮
出 版 人：曾赛丰
责任编辑：吕苗莉
监　　制：邢越超
策划编辑：李齐章
版权支持：辛　艳　金　哲
营销支持：文刀刀　周　茜
版式设计：潘雪琴
封面设计：主语设计
内文排版：百朗文化
出　　版：湖南文艺出版社
　　　　　（长沙市雨花区东二环一段 508 号　邮编：410014）
网　　址：www.hnwy.net
印　　刷：三河市中晟雅豪印务有限公司
经　　销：新华书店
开　　本：880mm×1270mm　1/32
字　　数：186 千字
印　　张：7.5
版　　次：2022 年 4 月第 1 版
印　　次：2022 年 4 月第 1 次印刷
书　　号：ISBN 978-7-5726-0612-0
定　　价：56.00 元

若有质量问题，请致电质量监督电话：010-59096394
团购电话：010-59320018

了解金钱、善用金钱，

能够使你的人生变得更加幸福

Learn how to become wise and strong with money, and Life may improve

前 言

■ 如何成为有钱人？

- 有钱人是如何赚钱的？
- 有没有轻松赚钱的方法？
- 要想获得稳定的收益，应该投资什么？
- 承担风险也没关系，有没有短时间快速赚钱的方法？

可能很多人都有这样的想法吧。

或许还有很多人用手中的资金进行了投资，努力节约金钱，考取证书，希望能够赚取更多的钱，却"投资失败导致资产减少""没能长期坚持下去""没有取得期待的结果"。

很多人都希望"成为有钱人"，但真正成为有钱人的少之又少。
很遗憾，这就是现实。

既然如此，我们应该放弃吗？

我不这么认为。

因为只要有"知识"和"热情"，就有机会成为有钱人。

如果再加上"时间"，那么成为有钱人的可能性就会大大提高。

成为有钱人的三要素①

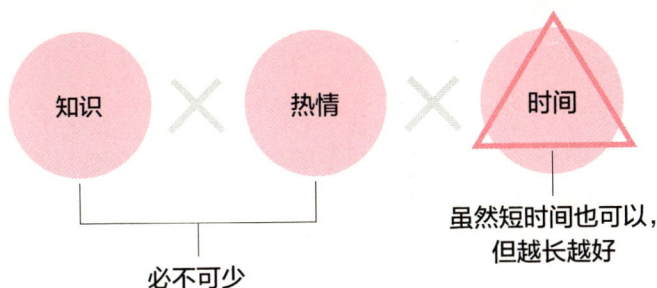

知识 ╳ 热情 ╳ 时间

必不可少

虽然短时间也可以，
但越长越好

有的人可能并没有"一定要成为有钱人"的强烈意志。

这样的人虽然"热情"比较弱，但只要有"知识"和"时间"，也能在一定程度上成为有钱人（但与拥有很强"热情"的人相比，或许稍微逊色一些）。

成为有钱人的三要素②

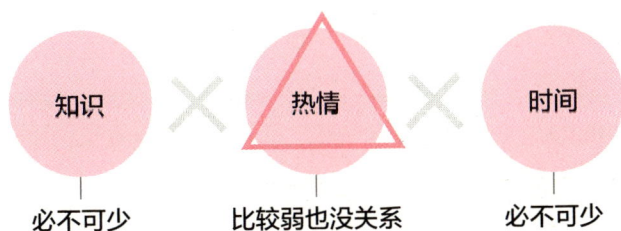

知识 ╳ 热情 ╳ 时间

必不可少　比较弱也没关系　必不可少

我想告诉大家的是，"成为有钱人也是有公式的"。

这里说的"有钱人"，指的是"拥有 1 亿日元（约合人民币 550 万元）以上资产的人"。

本书就将为大家介绍全世界的有钱人都知道，并且都在实践的赚钱方法，**帮助你成为拥有 1 亿日元以上资产的有钱人。**

■ 出版本书的原因

很抱歉还没进行自我介绍。我叫高桥丹，出生于东京，日本国籍，今年 35 岁。10 岁之前我一直在日本度过。后来搬到美国，12 岁开始投资。我在康奈尔大学念书时，就在纽约的华尔街当实习生。21 岁时我以 Magna Cum Laude（获得优异成绩的毕业生的称号）的身份毕业后，正式开始在华尔街工作，从事投资银行业务和交易。

26 岁时我与导师一起成立了一个对冲基金，30 岁时我卖掉了自己的股票，之后移居新加坡。我在全世界 60 个国家旅行过，2019 年秋天回到了日本。

然后我在 2020 年 1 月正式开始在 YouTube 上发布视频。主要内容包括"世界新闻""经济""投资""钱"，我每天都会上传视频。幸运的是我的视频收到了许多评论，我的频道注册人数也在 3 个月内超过了 10 万人。我非常喜欢日本的文化和食物（特别是纳豆）。

我刚回到日本的时候，日本的熟人和朋友很少。但在通过 YouTube 和 SNS 发送信息的过程中，我的朋友越来越多，同时我也从他们那里听到了很多对金钱的不安和烦恼。

日本在最近 30 年来经济几乎没有增长。这在世界范围内也是一件异乎寻常的事。终身雇佣和年功序列工资制（日本企业一种随员工年龄和工龄增加工资的制度）已经成为过眼云烟，工资没有增加的同时消费税却在不断上涨。结果就使得越来越多的人产生**"必须靠自己的力量多**

赚点钱”的想法。

　　于是我开始思考："我能为这样的人做点什么吗？"为了给那些不看 YouTube 的人也传递一些关于钱的知识，我决定出版这样一本书。

■ 正式开始阅读本书之前

本书将通过以下 8 个部分对成为有钱人的方法进行讲解。

- 有钱人的思维
- 投资的基本
- 投资组合
- 短期投资
- 投资商品（贵金属、比特币、原油）
- 不动产
- 经济指标
- 富有的习惯

　　不管你是理财小白，还是经验丰富的投资者，本书将从心理建设到具体的投资建议，通过总共 89 个主题为您提供全方位的建议和指导。

　　每个主题基本由两页内容构成，对于工作繁忙、没有太多时间读书的人，完全可以一天只看一个主题，请大家一定要坚持将本书看完。

　　另外还有一件很重要的事：

请大家亲自尝试一下本书介绍的方法，哪怕只有一个也好。

如果仅仅只是阅读，是无法成为有钱人的。哪怕只是一小步，也要行动起来之后才能看到接下来的道路。

好了，让我们开始吧！

理解"全世界的有钱人都在实践的赚钱方法"有什么功效？

- 对金钱的不安和烦恼都消失了。

- 知道应该用什么样的思考去面对金钱。

- 不会对失败产生过度的恐惧。

- 知道投资是"积极的"和"低难度的"。

- 知道应该如何分配资产。

- 能够了解具体的投资商品及其特征。

- 当看到政治和经济新闻时，能够产生各种各样的关联思考。

- 能够更加客观和冷静地判断媒体的信息。

- 养成查阅英语信息的习惯。

本书的使用方法

● 不能只是看完完了，应该积极地付诸行动。在行动的时候，最好将自己是出于怎样的想法而做出了怎样的行动都记录下来。

● 请在你认为重要的地方画一条线或写一条备注，把这本书变成只属于你自己的一本书。

● 不要只读一次，请一定要多读几次。

● 定期复盘本书介绍的指标和图表，并且思考"为什么是这种状态""今后会如何变化"。

● 将学到的东西告诉家人和朋友，或者在社交网站上分享，听取他人的意见，对自己的想法和感受进行客观判断。

目 录

Chapter 1 有钱人的思维

Chapter

2

投资的基本

日本的奇怪之处！❷
日本的生活水准排在世界第 29 名！　56

Chapter

3

投资组合

日本的奇怪之处！❸
工资不涨，税金上涨？　75

Chapter

4

¥

短期投资

Chapter 5 投资商品

Chapter

6

不动产

日本的奇怪之处！⑤

不擅长交涉就无法成为有钱人?! 151

Chapter

7 经济指标

Chapter

8

富有的习惯

有钱人的思维

"改变思想就能改变行动。改变行动就能改变习惯。改变习惯就能改变人格。改变人格就能改变命运。"这是著名心理学家和哲学家威廉·詹姆斯的名言。如果想成为有钱人，也应该遵循这个步骤。首先要改变"思想"。

01

要想成为有钱人，"热情"必不可少

"Passion" is what makes people wealthy

我曾经周游全世界 60 个国家，发现"有钱人和其他人之间存在着一个非常大的差异"。

有钱人也分为通过继承遗产而有钱的**"富二代"**和凭借自己的打拼赚钱的**"富一代"**。从可复制性的角度来说，我认为从富二代的身上学不到太多的东西，所以这里让我们将焦点集中在富一代的身上。

有钱人的种类

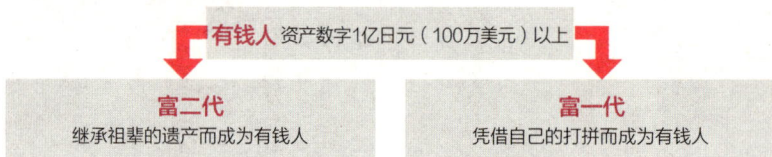

有钱人 资产数字1亿日元（100万美元）以上

富二代	**富一代**
继承祖辈的遗产而成为有钱人	凭借自己的打拼而成为有钱人

富一代的共同特征之一，就是**他们都拥有极大的"热情"**。热情是实现自身梦想和目标的一种渴望，因此也可以称之为**"生存意义"**。很多人都是在追求生存意义的过程中自然而然地获得了大量的金钱，于是成为有钱人。

我看过关于微软的创始人比尔·盖茨、亚马逊的创始人杰夫·贝佐斯等创业者的书和纪录片，发现他们都有这种特征。

拥有强烈热情的人，每天从早晨起床到晚上睡觉，一直都在思考自己的目标和梦想。

所以他们才有更高的概率创造出高品质的商品和服务。

当然，还需要一些"运气"。

世界著名的投资家沃伦·巴菲特曾经这样说过："几千个人聚集在一个房间之中，抛硬币猜正反面，总共猜 10 次的话，肯定有人 10 次全都猜中。这究竟是因为他是天才还是单纯的偶然呢？恐怕只是偶然吧。"

也就是说，**要想成为有钱人，有一部分在于自己完全无法把控的运气。**

富一代的第二个共同特征是**"个人支出很少"**。

我认识的很多富一代，**都对花钱没什么兴趣**。他们从来不买豪华汽车，也不戴名牌手表。因为他们把全部精力都放在自己想到的创意上，对花钱毫无兴趣。

有钱人经常说的一句话是**"rich on paper"**，意思是"纸面上的财富"，也即是说，他们更愿意持有"纸"——股票和债券，并不会持有太多的现金。

但因为股票和债券都有一定的风险，一旦发行方破产，股票和债券就会真的变成废纸。为了在出现风险时不致彻底无法翻身，他们平时都会保持比较低的生活水平，控制个人的支出。

总 结 只要拥有强烈的热情并坚持努力，自然而然就能赚到钱。

02

经常思考"如何更有效地分配时间"

Efficient use of time

　　富一代的第三个共同特征是**"有效地利用时间"**。比如，他们都会使用日历或时间管理工具来安排时间，并且给待办的事项安排先后顺序。

　　提高时间效率的第一步就是**"改变居住的场所"**。比如，在自己家里创建一个能够工作的环境，或者居住在工作地点附近，这样就能减少浪费在通勤上的时间（详见第 204 页）。

　　此外，减少包括通勤时间在内的**"无用功时间"**也很重要。

　　比如，有一天要外出办事，那就把所有的会议都安排在这一天，让每一个会议都在规定的短时间内结束。因为这一天要出席许多个会议，所以当一个会议进行 30 分钟之后，就要立即结束赶往下一个会议的场地。只要制定了规则，就要遵守规则。

高效利用时间的秘诀

使用工具	集中	划分时间段
使用日历或时间管理工具来分配时间，使时间可视化	将会议等工作集中在同一天进行，提高工作效率	事先决定会议的时间，到时间之后就立即结束并赶往下一个会议的场地

此外，很多富一代都非常重视健康。

美国纽约、硅谷所在的加利福尼亚，澳大利亚、印度尼西亚、新加坡……我去过的这些国家或地区之中的成功人士，大多以蔬菜和水果等健康食品为主，并且坚持健身，保持身体健康。

因为**他们知道一旦自己病倒，就会给工作造成巨大的影响。**

疾病影响的不仅是工作和金钱，还会对"时间"造成巨大的影响。

如果能够长期保持健康的身体，并拿出最佳的工作表现，不但能够大幅减少做无用功的工作时间，还能有更多的时间与家人和朋友一起度过。

反之，如果失去了健康的身体，就需要花费大量的时间来进行恢复。不但会给精神造成负担，还会因为影响工作和生活的平衡，导致恢复更加缓慢，产生恶性循环。

由此可见，**有钱人特意安排时间来维持健康的身体，可以说是基于一种非常合理的判断。**

总　结

一旦生病就会失去大量的时间，所以必须重视身体的健康。

03

认为金钱只是单纯的"数字"或"工具"

Think of money as a number or a tool

我曾经认为，**"金钱意味着身份和地位"**。如果我比朋友们更有钱，就证明我比朋友们更努力，有更高的身份和地位。所以我一直想要"比朋友们更有钱""变得更加有钱"。

这种想法和我的成长环境有关。我从小就生活在激烈的竞争环境下，父母也一直给我创造参与竞争的机会，所以我一直都非常努力。

我一直到 20 多岁的时候，都**保持着这种金钱观**。

大学毕业后我在竞争激烈的华尔街工作时，也一直在考虑如何战胜其他同事。英语里有句话叫作**"I feel alive"**，意思是"感觉到自己活着"。当时的我，就是通过每天的"战斗"来获得活着的感觉。

当时美国正处于泡沫最鼎盛的时期，很多人都认为"金钱意味着身份和地位"，我也认为**"虽然金钱对我来说并不是必需品，但为了战胜其他人，我必须变得更加有钱"**。

但在我 30 多岁开始环球旅行，深入了解了各个国家的历史和文化之后，我开始意识到**"或许我是错的"**。

我之所以开始环球旅行，是因为感觉自己好像缺少点什么，所以我希望能够**找到自己真正的生存意义**。因此我必须离开纽约这个自己非常熟悉的环境，前往陌生的地方。

于是我周游世界各地，开始意识到**"金钱只是数字"，"只不过是消除烦恼的工具"**。

虽然在日本几乎没有遇到亿万富翁（个人资产 10 亿美元，约 1000 亿日元），但我交流过的亿万富翁都对金钱并不看重。他们认为**金钱只是"单纯的数字"，而非"有用的东西"**。他们会为了获得他人的尊重而花钱，却不会为了满足自己的奢欲而花钱。

我认为那些拼命赚钱只是为了享受奢侈人生的人，并不会成为有钱人。所以不要总是想着"让金钱变得更多"，应该想着"让数字变得更多"，这样更有效果。

不要总想着让金钱变得更多

普通人的想法　　　　　　　　有钱人的想法

只想着如何花钱　　　　　　　认为金钱只是数字，
　　　　　　　　　　　　　　更关注自己的目标

总结　不执着于花钱，只想着让金钱的
　　　　　"数字"变得更多。

04

"投资"是拥有"1亿日元以上资产"的基础

Investing is correlated with becoming a Millionaire

很多人都想成为亿万富翁，但成为亿万富翁并没有捷径。如果有人告诉你"只要按我说的这三个步骤做就行"，那他一定是在骗你。

我是一个非常相信数据的人，所以我来给大家介绍一组数字。**这组数字是全世界范围的数字。**

至于如何理解这些数字，就由大家自己决定。因为每个人的判断都是各不相同的。

要想成为亿万富翁，就必须了解关于全世界有钱人的具体状况。

首先来看有钱人的定义。根据我周游世界的经验来看，"拥有1亿日元以上金融资产"的人就可以称得上有钱人了。换算成美元的话，大约是100万美元。

从全世界有钱人的数据来看，绝大多数有钱人的资产都在1亿~5亿日元。90%以上的人都在这个区间内。拥有5亿日元以上的人，世界上也寥寥无几。

这些有钱人都拥有哪些资产呢？

资产在1亿~3亿日元的有钱人，有**超过一半（58%）的资产都是投资资产**。其次是自住用不动产（18%）。

那么，在投资资产中都包括什么呢？

占比最大的是股票，然后依次是债券、现金、选择性资产（不动产、商品、未上市股票等）。

这里的重点在于**"全世界的有钱人的资产中占比最大的是股票"**这个信息。也就是说，从统计学的角度来说，投资股票是成为有钱人的方法之一。

我之所以喜欢统计学，是因为"数字不会骗人"。数字是能够帮助我们进行客观判断的指标。

人类经常说谎，我也曾经说过谎。所以，我们更需要通过数字进行客观的判断。

如果大家想成为亿万富翁，就要了解全世界有钱人的相关数据，然后**学习他们亲身实践的方法**，也就是"观察他们的资产组合"，"了解其中的事实"。这就是成为有钱人的第一步。

全世界有钱人的资产结构

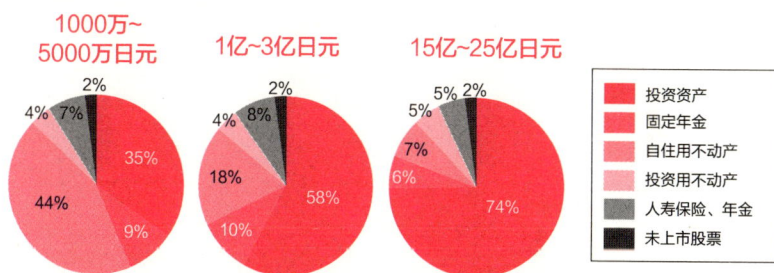

1000万~5000万日元：35%、9%、44%、4%、7%、2%

1亿~3亿日元：58%、10%、18%、4%、8%、2%

15亿~25亿日元：74%、6%、7%、5%、5%、2%

图例：投资资产、固定年金、自住用不动产、投资用不动产、人寿保险、年金、未上市股票

参考：Spectrem Group(2019)

美国富裕阶层的平均资产分配

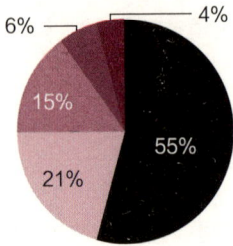

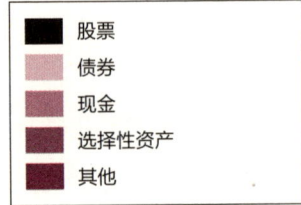

■	股票
■	债券
■	现金
■	选择性资产
■	其他

参考：U.S.Trust 2018 Insights on Wealth & Worth

总结 成为亿万富翁的最好方法就是模仿
全世界有钱人的行动。

05

第一步要决定"在什么领域赚钱"

Decide which topic/area you want to make money in

接下来让我们看一看有钱人和普通人的资产结构有什么差异。

下图是从资产 10K（1 万美元 = 约 100 万日元）到 1B（10 亿美元 = 约 1000 亿日元）的人的资产结构。

通过下图可以看出，**资产越少的人，自住房屋和汽车在资产中所占的比例就越大。** 10K（约 100 万日元）的人，资产几乎都用于"自住房屋"和"汽车"。

反之，资产越多的人，投资在资产中所占的比例就越大。这就是全世界有钱人的现状。

在这里我希望大家**从客观的角度来分析这些数据。事实证明绝大多数的有钱人都在进行投资。**

资产规模与结构

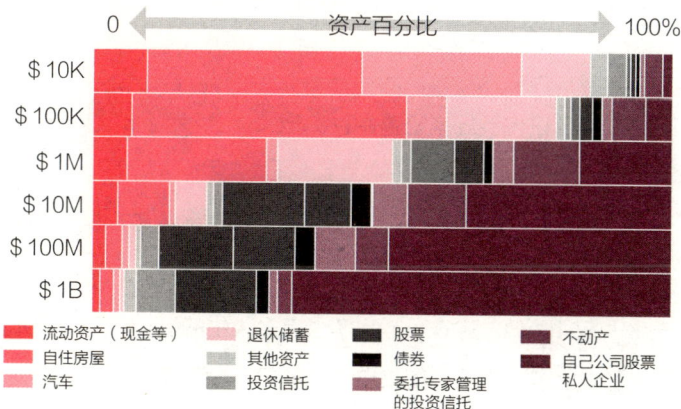

	流动资产（现金等）		退休储蓄		股票		不动产
	自住房屋		其他资产		债券		自己公司股票私人企业
	汽车		投资信托		委托专家管理的投资信托		

参考：VISUAL CAPITALIST

11

或许有不少读者希望通过创业来成为亿万富翁。

通过提供新商品、新服务或者开发新技术等方式成功展开商业活动，确实是一件非常让人兴奋的事。各路媒体也经常报道成功创业者的故事。

但从实际的数据来看，**世界上绝大多数有钱人的资产几乎都是通过投资积累起来的。**

但有一点需要大家注意。

那就是**资产 10 亿日元（约 1000 万美元）以上的人，自己公司股票和私人企业（未上市股票）在资产中所占的比例就会增加。**

正如前面提到的那样，资产超过 5 亿日元（约 500 万美元）的人在全世界也寥寥无几。而资产超过 1000 亿日元的人，六成以上的资产都来自自己公司的股票和私人企业。

通过开展全新的商业活动取得成功的"富一代"都拥有极大的热情，总是在思考商业上的问题。他们几乎没有其他兴趣，或许工作就是最大的兴趣。

即便在休息日也要经常检查邮件，但**他们并不认为工作是一件很痛苦的事，反而乐在其中。**

会对什么事情产生热情这件事因人而异，不能一概而论。但根据我的经验，**儿童时期的经历会对热情产生很大的影响。**

一个人在 10 岁之前的经历会作为自己人生的基础，对未来的人生道路产生影响。这种影响可能来自一场电影，也可能来自家人的工作。

自己的热情与儿童时期的关系

去过的地方

体验

食物

父母的教诲

成为有钱人概率最高的方法是"投资"

让我们回到资产在 1 亿日元以上的有钱人的话题上来，这些有钱人大多拥有股票、债券、不动产等资产。

让我们再来看一组数据。

资产超过 1000 亿日元的亿万富翁的事业收入在资产中占比很高，他们都从事什么商业活动呢？

答案是金融。

如果你想成为亿万富翁，首先必须决定"在什么领域赚钱"。

从客观的角度来说，全世界的有钱人大多是在"金融、投资"领域积累起巨额的财富。这是事实。

也就是说，掌握金融与投资的知识，是成为有钱人概率最高的方法。

私人企业的分类

	亿万富翁的比例	亿万富翁的人数	亿万富翁的资产（1=10亿美元）	平均资产（1=10亿美元）
金融	20.7%	538 人	1704	3.2
财阀	13.1%	341 人	1168	3.4
不动产	7.6%	197 人	547	2.8
食品、饮料	5.8%	152 人	495	3.3
制造	5.8%	151 人	389	2.6

※ 一般来说，亿万富翁指的是"拥有 10 亿以上本国货币单位的人"，但在本书之中特指个人资产 10 亿美元（约1000 亿日元）以上的人。

参考：Wealth-X

总结 要想成为有钱人，就要掌握投资和金融知识。

06

对新事物从简单尝试开始
Try new things one step at a time

"一旦开始新的挑战，就会全力以赴。"或许很多人都有这样的想法。但有钱人从赚钱的角度出发，会采取完全相反的策略。

"首先用 10%~20% 的力量开始，然后一边进行调整一边逐渐发力。"
这个思考方法对赚钱来说非常重要。

我自己也坚持这种方法，每当开始进行新的挑战时，都会从"简单尝试"开始。

虽然我在 YouTube 上有很多观众，但一开始我完全没想到自己会以这样的方式向外界发送信息。不仅如此，我当时甚至对 SNS 都十分生疏。

我的账号是在 2019 年 11 月末注册的。一开始我几乎没有任何动态。但当父母在次年正月问我"你 2020 年的目标是什么"的时候，我不假思索地答道："想试着发送一些信息。"

虽然我的 YouTube 之旅是在半信半疑中开始的，但我在不断坚持的过程中收获了很多朋友。

在 YouTube 上的活动也使我加深了对日本的理解。我是日美混血，长期在美国生活，所以在刚回到日本的时候，尽管会说日语，却对日本的社会知之甚少。

多亏了在 YouTube 上给我留言的朋友，让我能够**高效且多元地了解当今日本的情况**。

一开始我也考虑过网络会议的形式，但这样每次参与的只有二三十人。与之相比，YouTube 一次能够与成千上万的人建立联系。我认为这也是 YouTube 的魅力之一。

我属于不管什么事都要自己尝试过之后再做判断的类型。我感觉这也是全世界的有钱人共同的特点。

投资也一样，没必要从一开始就进行全面的调查和学习，可以拿一点本金进场尝试一下。这样不但能够使你更高效地了解实际情况，而且在发现"不适合自己"的时候也能及时地退场。

如果你**想尽快取得结果，与"正规的学习"相比，"简单的实践"更有效**。请牢记这一点。

尽快取得结果的方法

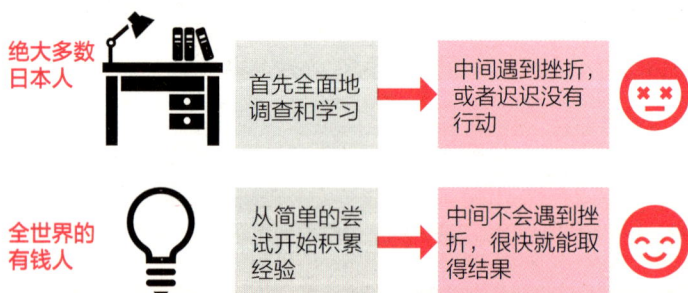

| 绝大多数日本人 | 首先全面地调查和学习 | → | 中间遇到挫折，或者迟迟没有行动 | 😣 |
| 全世界的有钱人 | 从简单的尝试开始积累经验 | → | 中间不会遇到挫折，很快就能取得结果 | 😊 |

总结 不要从全面学习开始，首先应该简单地尝试。

07

只在必要的时候行动，保存能量

Conserve and use your energy efficiently

如果你仔细观察狮子就会发现，它们几乎一整天都在睡觉，可以说生活过得非常悠闲惬意。狮子只在肚子饿的时候才去狩猎，偶尔互相打闹嬉戏一番，除此之外的时间就一动不动。

狮子的这种生活习性，不仅适用于投资，也可以作为赚钱时的参考。

狮子不像人类那样拥有丰富的感情，所以**它们只在必要的时候行动**。我将这种行为模式称为**"狮子战略"**。

只在必要的时候行动，是为了**保存能量**。

能量既包括身体能量，也包括精神能量。这两种能量都不能轻易浪费。

尤其是精神能量，掌握保存的方法至关重要。

人类是习惯进行重复性思考的动物。当我们思考某件事之后，这件事就会不受控制地在脑海中重复。这会使我们浪费很多时间和精力。

尤其是你感到有压力的时候，这种压力可能一天会在脑海中重复50次以上。比如，对于工作上的人际关系或者与恋人、家人的关系，反复地想"我应该这样做……""他怎么能说那样的话"。大概很多人都有这样的经历吧。

如果没有这种"重复思考"，我们就能够将精力用在其他更加重要的事情上。

那么，怎样才能减少"重复思考"呢？

与一件事重复思考 50 次相比，不如多样化地对 5 件事每件进行 10 次思考，或者更进一步，对 50 件事每件进行 1 次思考。这样就可以使精神能量得到更充分的利用。一开始可能很难做到，但只要习惯之后就非常简单了。

将思考多样化

普通人的思考　　　　　　　　　　　狮子战略的思考

对关心的问题进行重复思考　　　　进行多样化的思考，不浪费能量

在必须战斗的时候战斗，除此之外的时候则保存能量。当身体得到休息的时候，我们的能量也在一点一点地积累。

在投资领域有一句名言，**"不要用手去接掉落的刀"**，意思是"暴跌的时候不要出手"。有的人在看到股价暴跌时，会认为"现在正是机会"而进行投资。但对投资领域的初学者来说，**暴跌时并不是"必须战斗的时候"**，应该在此时保存能量，等到刀子落地、震荡停止，到时候再出手也一点不晚。

总结　通过将思考多样化，能够减少重复思考，节省精神能量。

08

相信自己，永不放弃

Don't give up and believe in yourself

要想成为有钱人，**"发现自己生存的意义，相信自己，勇于尝试"**也非常重要。

如果你是一名普通的员工，但你十分信任自己任职的公司，你就会产生"我要为公司的发展出谋划策"的想法。在这种情况下，不管别人说什么你都会坚持努力。

这对自己经营事业和陷入危机状况的人来说也一样。

相信自己，永不放弃。

虽然这属于精神论，但事实上全世界的有钱人大都拥有顽强的精神。

电影《洛奇》，讲述的是一个寂寂无闻的拳手洛奇挑战世界冠军的故事，影片中洛奇所说的一句话给人留下非常深刻的印象：

"重要的并不是你出拳有多重，而是你能挨多重的拳而不倒，承受一切并坚持前行，这样才能取得胜利。"

我曾经无数次对自己说过这句话。

那么，怎样才能做到"永不放弃"呢？

关键就在于用前面介绍的"狮子战略"保存能量。

只在必须战斗的时候战斗。

通过思考的多样化，丰富自己的武器。相信自己，只要做到以上几点，就永远也不会被打倒。

我在对冲基金公司工作的时候，曾经造成 7 亿日元的损失。因为损失巨大，不但我非常自责，上司也非常严厉地训斥了我。

虽然我后来非常幸运地又赚了不少钱弥补了损失，但这种不安还是持续了 6 个月。上司经常检查我的交易情况，并且不断地询问"为什么买这个""为什么卖那个"，给我造成了巨大的压力。

之所以会出现如此巨大的损失，是**因为我没能立即承认自己的失败**。如果我及时地承认失败并分析原因，就能在很短的时间内重整旗鼓，但我没能做到。

从那以后，我就一直注意**及时地承认失败，将损失控制在最低限度**，因此再也没有出现过巨大的损失。

总结

承认自己的失败，及时地改变武器，
这样就不会被打倒。

09

拓展自己的世界

Observe your environment with a wide viewpoint

全世界的有钱人都非常重视**"多样化思考"**。

绝大多数人都只和自己周围的人比较。如果周围的世界很小的话，他们在这个小世界中获得小小的成功就感到满足。

但如果想赚更多的钱，就必须扩大"自己的世界"。

你周围的世界越宽广，你就能遇到越多的人，接受越多的刺激。

不管你是一名员工还是一名私营业主，都不可避免地要和周围的人进行竞争。在这个时候，你周围的世界越宽广，你所能接触到的信息就越多。如果你能充分利用这些信息，就能在自己的世界之中取得竞争优势。

要想拓展自己的世界，**最有效的办法就是改变行为模式**。如果你每天都重复着起床、去工作、吃午饭……这样的行为模式，就会逐渐地使其成为一种定式。现在你需要大胆地进行改变。

但你不必下意识地去改变自己的行为模式。**只要实现"多样化思考"，就能自然而然地使自己的行为逐渐发生改变。**

我来举一个例子。假设你在生产空调的工厂里工作。在制作空调遥控器的时候，大家集思广益，讨论"按钮应该如何排列""液晶面板应该多大尺寸"，力求生产出最佳的产品。

但如果所有人都拥有同样的思考方式，那么就只能想到一种生产方法。

在这种情况下，为了实现多样化思考，可以去调查一下"外国的空调遥控器都是什么样的"。只要通过互联网搜索一下就能很轻松地查到。

于是你们可能会发现，"日本用的是黄色的按钮，但外国用的是红色的按钮"或者"按钮数量只有 3 个"。如果这些外国企业的利润比你们的企业更高，那么思考"为什么会出现这种差异"就是一件非常有意义的事。

像这样**通过拓展自己的世界，将更多的创意和灵感带进"自己的世界"之中并加以活用，能够在商业活动中发挥非常重要的作用。**

不管你是企业员工、私营业主还是退休人员，都可以通过互联网来非常简单地实现多样化思考。这也是赚钱的重要基础。

拓展自己的世界

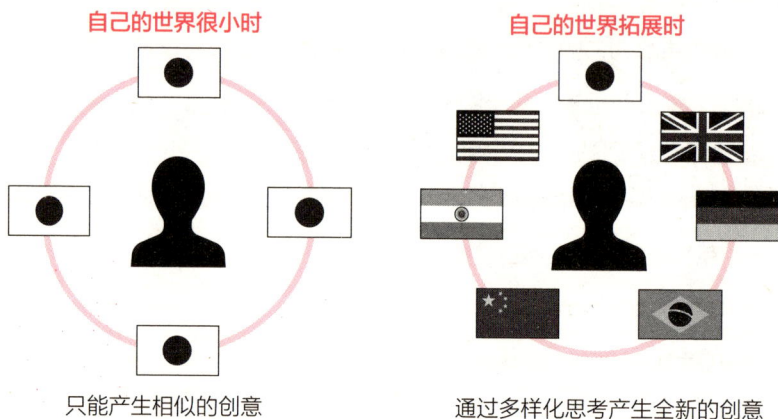

自己的世界很小时

只能产生相似的创意

自己的世界拓展时

通过多样化思考产生全新的创意

总结 多样化思考能够改变自己的行为模式，使自己拉开与他人的差距。

22

10

学习"失败的方法"
Learn how to make mistakes!

要想成为有钱人，最重要的一点就是**学习"失败的方法"**。

我在 10 岁之前一直在日本度过，因此对"在日本一旦犯了错，就会遭到严厉批评"可以说有切身的体验。可能很多日本人从小就被教育"不要犯错"吧。

在日本，电车分毫不差地按照时间表运行是理所当然的事情，每个人都小心翼翼地避免把衣服弄脏，就连做饭也照着菜谱上的方法来做。因此日本社会井然有序。

但任何事只要有优点就有缺点。在这个世界上，许多人都想成为有钱人。但要想真正成为有钱人，必须在残酷的竞争中取得胜利。

在竞争的过程中，有时候可能需要采取极端的手段。当然也难免会出现失败。因此，**能够从失败中吸取教训，掌握正确面对失败的方法至关重要**。

我 20 多岁开始在华尔街工作的时候，导师就问我："你想成为有钱人吗？"我回答"当然啦"，于是导师说，**"那你就要掌握失败的方法"**。

我很奇怪地问："不是应该掌握成功的方法吗？"导师这样回答：

"不。为什么要掌握失败的方法呢？因为只有掌握了失败的方法，才能知道应该如何去避免失败。如果你能够避免失败，自然就能取得成功。"

因为失败而出现损失，任何人都会感到不甘和遗憾。所以每当这个时候，我们都会习惯于将责任归咎于他人，"我没有错，都怪那家伙"。

但实际上，越早承认失败，及时止损，吸取失败的经验和教训，就能越早从失败中恢复过来。用积极的心态去面对失败，才能找到正确的方法避免犯同样的错误。

这就是导师想要告诉我的内容，虽然我后来又花了好长时间才理解。导师的教诲如今已经成为我人生的指针。

小失败带来大成功

重复小成功会导致大失败   重复小失败会带来大成功

总结
只有掌握失败的方法的人才能取得巨大的成功。

11

效果绝佳的"逆战略"
Contrarian Strategies for Japanese

日本人总是被说"缺乏多样性",这也是日本作为一个岛国所具有的文化特征。

比如,几年前比特币特别流行的时候,日本也出现了许多虚拟货币公司。

这一点不仅体现在比特币上,而且体现在方方面面。走在东京街头,你会发现到处都是一样的店铺,服务的客户群体也差不多。

因此,在"缺乏多样性"的日本,**"逆战略"**非常有效。

在日本之外的其他国家,每个人都有不同的想法,每个人都在做着不同的事情,所以"逆战略"很难发挥效果,但在绝大多数人都做着同样事情的日本,情况就完全不一样了。

所谓"逆战略",指的是"想他人之未想,做他人之未做"。

如果别人都朝着同一个方向前进,那你就要反其道而行之。

以投资的角度来说,就是**"在别人都卖的时候买"**。当然,前文中也提到"不要用手去接掉落的刀",所以这样做有一定的风险,需要拥有非常丰富的经验,并且能够把握时机。这种逆战略往往能够带来巨大的商机。

做和别人完全相反的事,必然要承受巨大的压力。我的人生中也曾经许多次面对周围所有人的指责。

"为什么要离开华尔街？"

"为什么要从大型投资银行辞职？"

"为什么要去那么小的对冲基金公司？"

但当时，和我竞争的人几乎都朝着同一个方向前进。所以我打算与其他人背道而驰。

雷曼事件（2008年，投资银行雷曼兄弟投资失利申请破产，引发全球金融海啸）之后，所有人都认为"只要有工作就好"。因此，就算有更好的工作机会也几乎没有人愿意跳槽。

而我则抓住了这个机会，成功地找到了更好的工作。

想他人之未想，做他人之未做。

趋势越明显，逆流而上获利的机会就越大。尤其是日本人都喜欢和周围的人做出相同的选择，所以这种逆战略更加有效。

选择与他人不同的逆战略

买

卖

总结 想他人之未想，做他人之未做，就能更加接近成功。

12

与自己做交易
Trade your own self

全世界的有钱人，都很擅长**"与自己做交易"**。

比如，如果我前一天晚上没能睡足 8 小时的话，第二天就无法保证 100% 的精神状态。

因此，在这样的日子我会比平时穿更多的衣服保暖，多吃纳豆强身，听喜欢的音乐来舒缓神经。也就是尽量让自己的节奏慢下来。

反之，如果我保证了 8 小时的充足睡眠，拥有 100% 的精力，那么我就会更积极地开展行动，在一天之中尽可能多地解决问题。

这种方法不仅适用于睡眠。

人生也要经历许多风浪和波折。与亲人朋友分别或者家人离世的时候，难免会使人感到"意志消沉、毫无干劲"。

在这种时候绝对不能勉强自己。

如果不能保证 100% 的精神状态，就应该减少行动，放松心情。这就像是和自己做了个交易，**"在精神状态好的时候全力以赴，精神状态不好的时候就休息一下"**。

成为有钱人的过程就像是跑马拉松。如果一开始发力太猛，后面就会体力不支。

尤其是进行投资的时候，"判断力"与"集中力"是决定成败的关键因素。如果在状态不佳的时候进行投资决策，很有可能因为判断失误而出现亏损。

所以，当你感觉自己"状态不佳"时，就应该放慢节奏，让身心得到休息。毕竟在这个世界上，没有任何生物能够一直坚持全力以赴地奔跑。

有时候，特意设置一个"**放松时间**"也很重要。虽然我也给自己设置了固定的放松时间，但还是经常会出现"不知不觉间就努力过了头，等回过神来的时候已经身心俱疲"的情况。

人类的大脑在放松的状态下更容易产生灵感。

如果你属于拼命努力的类型，请至少每个月给自己安排一天放松的时间。

与自己做交易

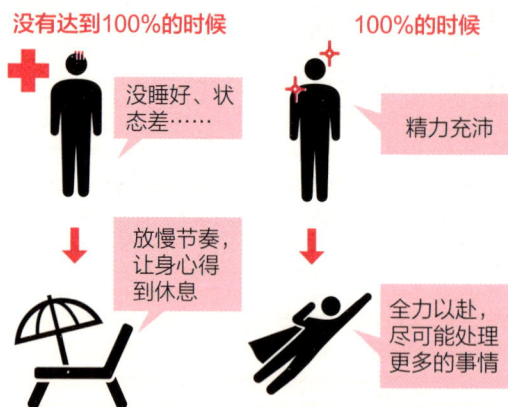

没有达到100%的时候　　　　100%的时候

没睡好、状态差……

精力充沛

放慢节奏，让身心得到休息

全力以赴，尽可能处理更多的事情

总结　在自己的精力没有达到 100% 的时候，就要下意识地放慢节奏。

13

没有自信时应该做的 3 件事
3 Action Points for those who lack confidence

综合对比世界各国的舆论调查就会发现，与其他国家的人相比，日本人的自信心普遍偏低。

那么，在没有自信的时候应该怎么办呢？我来给大家介绍几个在国外很常见的方法。

第一个是**"不要认为只有自己不行"**。

很多人都有完美主义倾向，认为不管做什么事都要做到最好才行。我也一样。但实际上，不可能所有的事情都做到完美。

根据独立行政法人（日本）国立青少年教育振兴机构在"关于高中生的生活与意识的调查报告"（2015 年）提供的数据，对于"是否认为自己能力不足"这个问题，日本有 72.5% 的人回答"是"和"或许是"。

是否认为自己能力不足

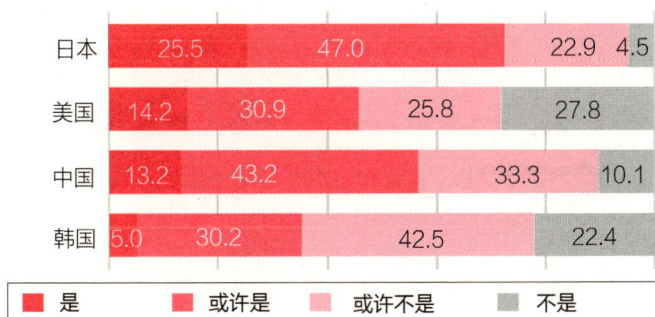

	是	或许是	或许不是	不是
日本	25.5	47.0	22.9	4.5
美国	14.2	30.9	25.8	27.8
中国	13.2	43.2	33.3	10.1
韩国	5.0	30.2	42.5	22.4

出处：独立行政法人（日本）国立青少年教育振兴机构"关于高中生的生活与意识的调查报告"（2015 年）

与美国的 45.1%、中国的 56.4%、韩国的 35.2% 相比，日本的比例非常高。虽然中国人和韩国人也拥有完美主义倾向，但唯独日本在这个数字上高得离谱。

我举这个例子是为了告诉大家，**并非只有你一个人认为"只有自己不行"**。绝大多数人都有这样的想法。

第二个是**"保持健康"**。

美国的心理学家亚伯拉罕·马斯洛将人类的需求分为 5 个层次（见下页图）。这个需求层次图非常著名，所以大家可能已经看过了。

在这个金字塔形的需求层次图上，位于最下方的是**"生理需求"**。也就是维持生命的吃饭和睡眠的需求。

第二层是**"安全需求"**。这是希望拥有稳定的经济条件和良好的健康状态的需求。

第三层是**"社会需求"**。这是希望自己被社会需要，能够为社会贡献力量的需求。

第四层是**"尊重需求"**。这是希望自己能够被所属的团体尊重，也就是自己的价值得到他人认可的需求。

第五层是**"自我实现需求"**。这是希望最大限度地发挥自己的能力和可能性，达到自我实现目的的需求。这 5 个层次的需求是逐层递进的，只有在满足了下层需求的前提下，才能诞生出更上层的需求。

从马斯洛需求层次理论的角度来说，为了达到自我实现的目的，首先应该做的就是**"维持健康"**。在拥有健康体魄的情况下，我们才能减少不安，增强自信。充足的睡眠、适当的运动，维持健康是迈向成功的第一步。

我在华尔街工作的时候，因为经常在美国时间看亚洲的股市，导致昼夜颠倒。由于很难保证睡眠时间，大脑也变得非常迟钝。后来我认识到睡眠的重要性，每天都保持 8 小时的睡眠。于是整个人都变得很有自信，和之前相比简直判若两人。

马斯洛需求层次理论

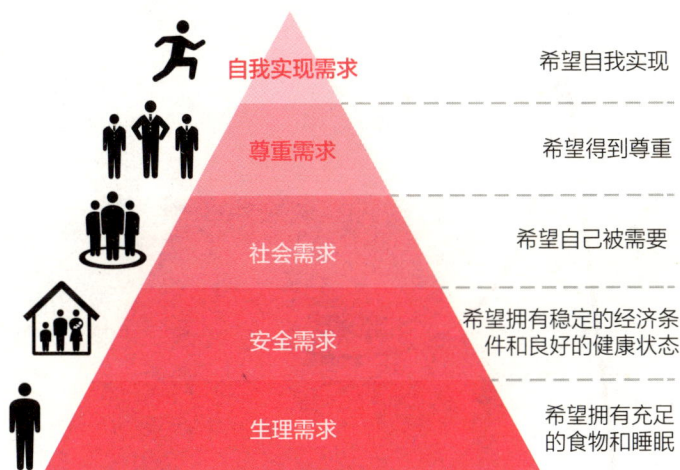

自我实现需求	希望自我实现
尊重需求	希望得到尊重
社会需求	希望自己被需要
安全需求	希望拥有稳定的经济条件和良好的健康状态
生理需求	希望拥有充足的食物和睡眠

第三个是"**拥有专业知识**"。

虽然我有很多事都不擅长，但我也拥有十分擅长的领域。在和初次见面的人交流时，如果你拥有"在相关领域不逊色于任何人"的专业知识，就可以使自己充满自信。

根据社会学家大卫·邓宁和贾斯廷·克鲁格提出的邓宁 – 克鲁格效应，**人类的自信水平与知识水平之间的关系呈 U 字形曲线。**

当一个人在知识水平较低的时候，出于盲目的乐观反而拥有非常高的自信水平，这类人随着知识的增加认识到自己的无能之后，自信水平就会逐渐降低。当知识继续增加后，自信水平也会再次上升。

因此，只要你在某个领域拥有专业的知识，就能非常有效地提升自信。

邓宁-克鲁格效应

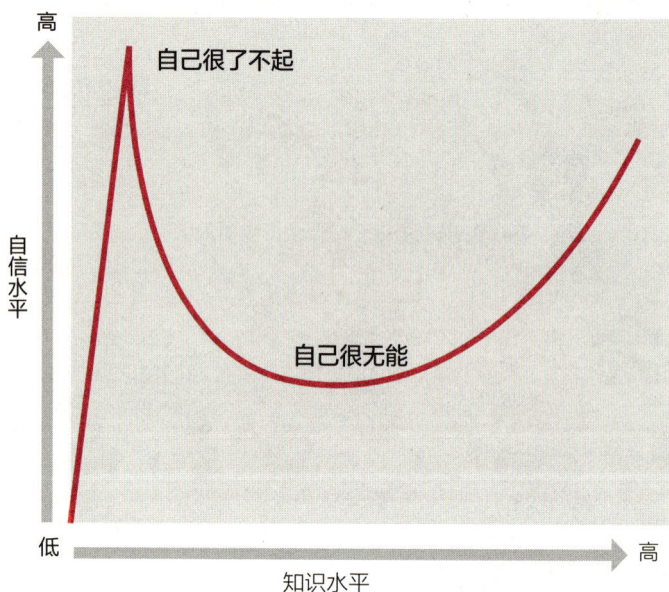

自己很了不起

自己很无能

自信水平

低　　　　知识水平　　　　高

14

知道应该在什么时候跳槽

Make a judgement on when you should change career

我经常听人说，"日本的年轻人没有上进心"，但我觉得真正的原因其实是**"对自己的工作没有真正意义上的'热情'"**。

如果能够在自己的工作中感受到生存意义的话，就会自然而然地产生工作热情。

很多有钱人都会频繁地跳槽。当他们认为"没有朝着自己的目标前进"时，就会开始考虑跳槽。

日本人拥有非常强的集体意识，认为与个人的理想相比，集体的成功更加重要。但其他国家的成功人士在走进社会的第一年就会开始思考**"为了实现自己的梦想，让自己过得更加幸福，我应该选择什么道路"**。

日本有句俗语叫作"石头上坐三年，也能把石头焐热"，意思是不管怎样艰辛，只要坚持到底，一定会有成功的一天。

但我不这么认为。我认为要想实现梦想，年轻时就要把握住机会。如果在一个地方努力了三年，却丝毫也没能接近自己的目标，那就没有任何意义。年轻人在进入社会的前几年，应该找到自己想要前进的方向，并且努力向目标靠近。可能很多人都不知道，在**英语里没有任何一个词能够准确地表述日语中"忍耐"的含义**。

我刚进入社会的时候，觉得自己非常适合在华尔街工作。因为我认为自己很擅长向别人推销东西。

但实际工作之后，我发现一切并不像我想得那么顺利。因为要想把东西卖出去，有时候必须要欺骗对方，但我很难做出这种事。

后来我又冷静地想了想，意识到我很喜欢竞争。本身我就是不服输的性格，所以在交易的世界里或许有更多的发挥空间。于是我果断地跳槽到了对冲基金公司。

在纽约，很多人都会在短时间内不断地跳槽。

比如，和我同龄的在华尔街工作的朋友，大多数都会在工作两年内就跳槽。跳槽去的地方也是五花八门，我甚至有个朋友从金融业转行成了一名作家。

纽约与日本对跳槽的思维差异

【纽约】如果感觉没有接近目标就立即跳槽

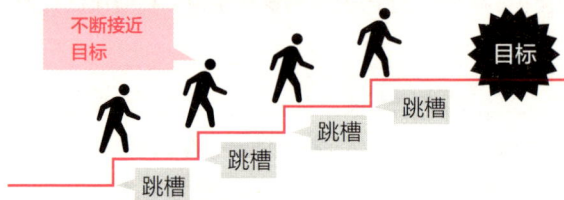

不断接近目标

目标

跳槽

跳槽

跳槽

跳槽

【日本】即便没有接近目标也要坚持三年

只有在彻底没有接近目标的希望时才会跳槽

目标

跳槽

总结 如果认为自己没有接近目标，就要立即考虑跳槽。

日本人的英语能力还不如马来西亚人？

我还没有结婚生子，所以之前对教育的关注度并不高。但最近我也开始考虑将来结婚之后要个孩子。

而决定孩子人生的关键就是教育。

我回到日本之后，调查了一些与教育相关的数据，越调查越让我对孩子在日本接受教育感到不安。因为我感觉日本的教育，无法让孩子掌握在世界舞台上竞争的能力。

从"全世界大学排行榜"来看，日本顶尖的东京大学连前十名都没排上。类似的排行榜有很多，其中东京大学排名最高的是第 36 名，最低的甚至只排到第 74 名。

我还对教育和工作机会的数据进行了调查。根据总部位于瑞士的世界顶级商学院洛桑国际管理学院（International Institute for Management Development，简称 IMD）面向全世界的企业展开的"希望雇佣哪个国家的人才"的调查数据，日本在 2018 年的调查中排在第 29 名，2019 年排在第 35 名。而马来西亚则排在第 22 名。因为我曾经在马来西亚也居住过一段时间，所以当看到这个排名之后，甚至产生了"要不然回马来西亚去吧"的想法。

为什么会出现这种情况呢？我认为原因主要有三点：英语能力差、GDP 下降、开学时间（4 月）和大学考试不重视英语。

因为新冠肺炎疫情，有人提出将开学时间改到 9 月，我对此非常赞成。因为这样一来，日本的大学生就会更容易去海外留学。而且我认为在大学的考试中应该更重视英语。因为要想在全球化社会中工作，英语能力是必不可少的。

Chapter

2

投资的基本

全世界的有钱人可以说"全都"在进行投资。事实上正如前文中提到的那样，这些有钱人的资产中有一半以上都是"投资资产"。那么，投资应该从什么开始呢？我建议大家首先掌握本章介绍的"投资的基本"，然后再分别了解个别的商品。

15

投资就是"将钱存起来并使其增加"

Investing means transferring your money to another to try and increase it

大家对投资有什么印象呢？可能有不少人觉得"投资就像赌博一样非常可怕"吧？

如果你也是这样想的，不妨换个角度，将投资看作**"将钱存起来并使其增加"**如何呢？

我人生第一次投资是在 12 岁的时候，因为我从祖父母那里收到了 10 万日元的压岁钱。

在那之前，我从没有拿到过这么多的钱。当时那兴奋的感觉我至今记忆犹新。因为钱实在是太多了，我甚至想不到应该买什么才好。

见到我不知道怎么花这么多的钱，父亲这样对我说道：

"如果能把这 10 万日元变成 20 万日元的话，岂不是更好？"

虽然那个时候父亲并没有说"投资"这个词，却让我明白了**"将钱存起来，以后就会变得更多"**的道理。

当时美国的国债利率在 7% 左右，只要 10 年左右就能获得 1 倍的收益。但当时我并不能理解这个原理，只是单纯地以为"只要 10 年就可以使钱增加 1 倍，太了不起了"，于是让父亲拿这笔钱买了国债。

从那以后，我就有了能够将手里的钱变成两倍的自信，甚至认为自己"将来一定会成为大富翁"。顺带一提，让金钱变成两倍所需的时间和利息可以用"72法则"来进行计算（见下图）。

　　我的父母在金钱上对我非常严格，每天只会给我很少的零花钱，但如果我帮忙做家务的话，就会额外得到一些零花钱。有时候我也会去附近的邻居家里询问"是否需要除草"，每次赚 20～30 美元。我将攒下来的钱都藏在抽屉里，攒够一定数额之后就去购买国债。我的少年时代就是这样过来的。

　　从我个人的经验来看，**如果不将投资看成赌博，而是当作储蓄的话，就能极大地降低投资的难度。**

把握让金钱变成两倍所需的时间和利息的"72法则"

| 变成两倍所需的时间 | = | **72** | ÷ | 利息（%） |

※ 比如利息为 8% 的话，就是 72÷8，大约 9 年才能变成 2 倍

| 变成两倍所需的利息 | = | **72** | ÷ | 时间（年） |

※ 比如 10 年金钱变成 2 倍的话，就是 72÷10，大约需要 7.2% 的利息

总结 了解投资的方法，就能减轻对金钱的不安，使自己更有自信。

16

大量收集信息，用自己的 "心" 做判断

Gather lots of data and use your Gut feeling

我从 12 岁开始就坚持投资。我在 23 岁之后就没领过固定的工资，完全靠帮别人理财获得的报酬，以及用个人财产进行投资获得的收益来维持生活。

我将自己多年的投资经验与全世界有钱人的投资方法相结合，总结出了 5 个利用投资获取利益的方法。接下来我将为大家介绍"**利用投资获取利益的 5 个规则**"。

我个人认为，"短期买卖 = 交易""长期持有 = 投资"，这两种方法都有风险。关键在于如何控制风险。

【规则 1】尽可能多地收集信息

在交易和投资的世界之中，"**信息就是武器**"。武器越多，选择越多，也就更容易做出正确的判断。

金融市场如同"战场"。如果有人赚了 1 日元，那么肯定有人赔了 1 日元。所以金融也被称为"零和游戏"。

为了在这个战场上生存下来，应该如何收集信息呢？这部分的具体内容我将在第 186 页进行详细说明。以我为例，我每天都会阅读《日本经济新闻》《彭博资讯》《全球经济指标》、美国消费者新闻与商业频道（CNBC）等大约 10 种报纸和网络媒体。

在浏览这些信息的时候，**不要花费太多的时间**。如果对每一条信息都仔细地阅读和分析，时间是完全不够的。所以我**首先浏览"标题"**，只挑自己感兴趣的内容仔细阅读。

规则1　尽可能多地收集信息

【规则2】不要依赖他人的意见来进行判断

除了报纸等传统媒体之外，SNS和博客等自媒体上也充斥着大量的信息。

但即便收集了海量的信息，最终做判断的，还是自己的"心"和"头"。不管你是从家人、朋友，还是上司那里收集到的信息，都**不能完全依赖他人的意见来进行判断**。

规则2　用自己的"心"做判断

总结　不管从什么地方获得的信息，都要先从怀疑的角度进行确认。

17

投资多样化
Diversify your investments

【规则 3】分散投资

投资最好多样化，也就是"**分散投资**"。

在进行交易和投资时，难免会出现失误。没有人能保证自己的判断 100% 正确。因此，在投资时最好选择不同地区和不同的商品，建立起多样化的投资组合。

很多日本人都喜欢将资产投入日本和美国，但德国、法国、西班牙、巴西、俄罗斯、中国、印度等也非常值得关注。**尤其是印度和东南亚等新兴国家拥有非常广阔的商机。**

对初学者来说，选择个股可能是一件比较困难的事，我建议大家利用 ETF（一般指交易型开放式指数基金）使投资多样化。

关于 ETF 的选择方法和推荐的 ETF，我将在第三章中为大家进行详细解说。

规则3 投资多样化

投资多个地区

投资多个对象

| 股票 | 债券 | 不动产 | 贵金属 |

总结 ETF 本身就会进行分散投资，所以与购买个股相比更加安心。

18

记录投资的原因
Write down your reasons for each investment

【规则 4】将购买和出售的理由记录下来

在进行交易和投资的时候做记录。这是我在基金公司工作时前辈给我的建议。

购买新的股票时，将购买的理由记录下来，同时也事先将出售的理由写下来。

比如，"如果出现这样的情况就出售"或者"如果出现这样的情况，说明我的判断错误，所以应该及时出售"。这样能够保证获得利润或者及时止损。

如果没有事先给自己定下规则，**就算自己出现了判断错误，也会认为"自己是对的"**。但这完全是自己欺骗自己，只会导致自己无法通过失败总结经验和教训，总是犯同样的错误，甚至无法控制自己的情绪。

做记录不一定非要手写，我一般是用电脑对记录进行管理并定期查看。通过和过去的自己进行对话，能够更加客观地审视自己，使自己在今后做出更加准确的判断。

规则4　将购买和出售的理由记录下来

总结　为了不自己欺骗自己，事先将规则明确地记录下来。

19

买和卖都要循序渐进
Buy and sell slowly

【规则 5】不要一次性进行大规模的买和卖

不管是买还是卖，都不能一次规模太大。切记不能冲动，投资要少额多次。

比如，想要购买的股票价格下跌时，很多人都会认为"现在就是购买的好时机，抓住机会赚笔大的"。但我并不推荐一次性购买太多。

如果你总共想买 10 万日元，那么应该先买 3 万日元。如果价格继续下跌则再买 3 万日元，还继续下跌的话，就将最后的 4 万日元也投进去。像这样循序渐进地购买。卖的时候也一样。

因为在投资领域，经常出现因为意料之外的情况导致商品暴涨或暴跌的情况。如果一次性进行大规模的投资，万一出现暴跌的话，就会产生巨额损失。

全世界的有钱人在进行投资时想的并不是"能赚多少"，而是"如何降低失败的风险"。

可能有人会说，"因为他们已经是有钱人了，所以才会这样想"，但实际上并非如此。因为有钱人都知道，如果你过于追求金钱，金钱反而会离你而去。**越是在一帆风顺的时候，越需要强大的自制力。**这是投资成功的诀窍。

规则5　买和卖都要循序渐进

将时间与金额
分散

如果在看到机会时失去自制力，就
无法做出冷静的判断！

20

不要设定利益目标

Don't make a profit goal

有些人在进行投资时，可能会设定"达到 Χ% 收益率"的目标。但**过于在意目标，会使自己对投资产生负面情绪。**尤其是投资初学者最容易出现这样的问题，所以请务必注意。

比如，设定达到 10% 收益率的目标，但实际上只达到了 5%，这怎么办呢？有的人可能会因此产生"自己没有投资的才能""不适合投资""投资不如存银行"的负面情绪，导致对投资的热情大幅下降。

一旦失去了投资热情，你可能会将长期来看有上涨空间的资产卖出，也不再每天积极地收集信息，导致难以做出准确的判断，总之是有百害而无一利。

所以初学者开始投资时务必牢记，**不要设定利益目标，抱着轻松的心态用富余的资金进行投资。**

设定目标的方法

保证每年获得 10% 的收益

无法达到目标时就会产生负面情绪，导致热情下降

让事业取得成功，为社会做出贡献

拥有远大的理想，人才和金钱都会自然而然地被吸引过来

总结

将具体的收益设定为目标，一旦没有达成就会出现负面情绪。

21

将收入分成 3 份，确保投资资金

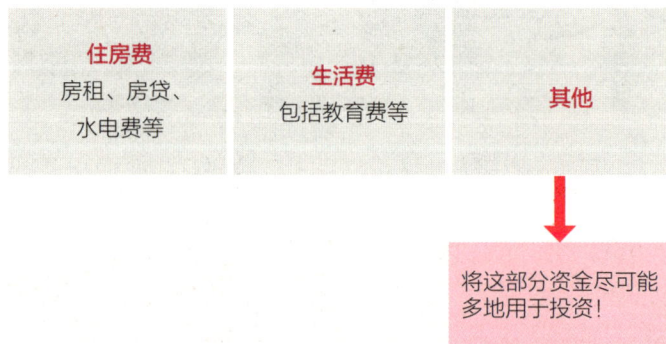

Divide your income into 3 brackets

我在本书开头部分就说过，要想成为有钱人，概率最高的方法就是投资。美国的股票市场平均以每年 9%～11% 的程度增长。如果**按照这个增长率用平均成本投资（一种投资策略，每隔固定时间以固定金额的资产投资于某基金），每个月投资 1 万日元的话，25 年就能获得 1000万日元。**

那么，要如何保证每个月都能拿出 1 万日元来进行投资呢？

我推荐**"将收入分成 3 份"**的方法。这 3 份分别是"住房费""生活费""其他"。

在"其他"之中，包括为了兴趣和其他让人生更加幸福快乐而使用的资金，但我希望大家**能够将尽可能多的部分用于投资**。

将收入分成3份

住房费 房租、房贷、水电费等	生活费 包括教育费等	其他

将这部分资金尽可能多地用于投资！

接下来要考虑平均成本投资的投资组合（金融产品的组合）。

首先**将资金分为长期和短期**。长期投资占 70%～90%，剩下的 10%～30% 用于短期投资。

首先来看长期投资。

长期投资的 40%～60% 用于投资"股票""公司债券""不动产"。在经济增长的时候，这些资产都会随之增长。从历史经验来看，经济增长的期间要比衰退的期间更长，所以可以在这部分多投入一些资金。

然后**再拿出 10%～30% 用于投资"国债"和"现金"等比较安全的资产**。这部分投资在经济衰退期间就会发挥功效。

剩余的 20%～40% 用于投资"商品"。比如，金、银、铂等贵金属，能源等各种各样的商品。

关于每种类型所占的比例，大家可以根据自己的年龄和性格来自行决定。一般来说，二三十岁的人喜欢投资股票、不动产和商品。七八十岁的人则大多投资国债和现金。如果你属于比较小心谨慎的性格，那可以在安全的资产上投入较大比例的资金。

将投资资金分为长期和短期

长期投资 70%～90%		短期投资 10%～30%
股票、公司债券、不动产 发达国家、发展中国家，美元、日元及其他货币	**国债**（日本、英国、欧洲）**现金**	**商品** 金、银、铂、比特币及其他
40%～60%	10%～30%	20%～40%

总结 根据自己的年龄和性格，调整平均成本投资的投资组合。

49

22

建立能够抵抗风险的投资组合

Create a portfolio that can withstand emergencies

我们来具体地看一下长期平均成本投资的资产分配。

首先，**股票、公司债券、不动产的部分，可以通过"ETF"来进行购买。**

直接购买不动产需要巨额资金，但通过 ETF 则可以小额购买。ETF 也分为美元、日元和欧元等许多种类。

虽然利用证券公司的信用账户可以进行数倍于自有资金的投资，但因为风险太高，我并不推荐。从证券公司借钱进行超出自有资金的投资被称为"杠杆"，一般用于短期交易，长期投资的话即便不用杠杆也能积累下资产。

股票、公司债券、不动产可以分别在发达国家、发展中国家用美元、日元、欧元来进行购买，保证投资的多样化。很多投资顾问会建议你把绝大多数的资产都投资在这上面，但我建议投入 40%~60% 即可。

新冠肺炎疫情危机、希腊债务危机、雷曼事件、亚洲金融危机等，过去曾经出现过许许多多的危机。在这个时候，股票、公司债券、不动产部分的资产价值就会下降。

但因为国债和贵金属的价格会随之上涨，所以合理地调整投资组合能够降低风险。

　　顺带一提，**国债最好购买"美国国债"。**日本国债也可以买，但不是必须买。另外，最好也在手中稍微保留一些现金。

能够抵抗风险的投资组合

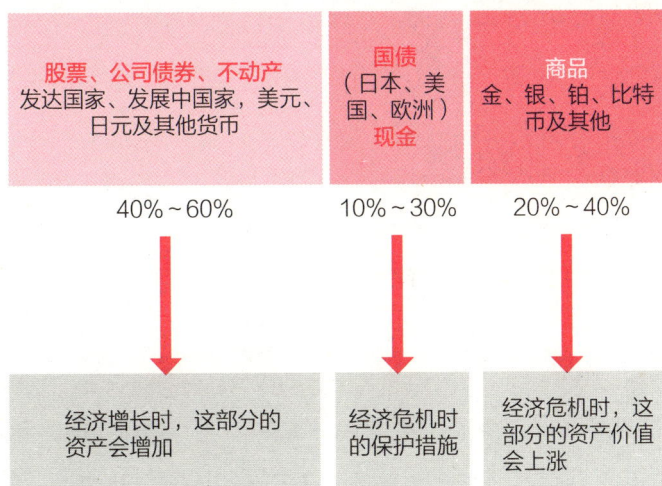

股票、公司债券、不动产 发达国家、发展中国家，美元、日元及其他货币	**国债** （日本、美国、欧洲） **现金**	**商品** 金、银、铂、比特币及其他
40%~60%	10%~30%	20%~40%
↓	↓	↓
经济增长时，这部分的资产会增加	经济危机时的保护措施	经济危机时，这部分的资产价值会上涨

　　可用于投资的商品包括许多种类。我推荐贵金属（金、银、铂），锌、铅、铝等基础金属，比特币、原油、天然气、农产品等。

　　关于投资商品我将在第五章进行详细说明，而具体的"商品投资ETF"则在第 65 页进行介绍。

　　只要构筑起这样的资产组合，就能有效地规避风险，实现稳定的收益。

总结　通过持有国债等安全资产和商品资产，能够在发生经济危机时降低投资风险。

23

将投资资金的 10% ~ 30% 用于谋求短期的高额回报

Invest 10%~30% into short term strategies for high returns

收入减去税金、房租（房贷）、生活费、教育费等开支之后剩余的资金，就是应该用于投资的资金。正如我在前文中提到的那样，投资金额的 70% ~ 90% 应该用于长期投资，剩余的 10% ~ 30% 则用于短期投资。

短期投资与长期投资的战略完全不同。

长期投资即便收益并不高，但因为长期持续带来的复利效果，所以最后资产能够增加很多。比如每个月投资 1 万日元，坚持 30 年，在利率 6% 的情况下能够获得 1000 万日元（见下页图）。

而**短期投资的特点是能够取得比长期投资高得多的收益**。因为短期投资可以使用各种各样的方法，抓住市场的波动，通过反复买进和卖出来赚取差价。我在年轻的时候就懂得"与一次赚 100 日元相比，赚 10 次 10 日元要简单得多"的道理（详见第 78 页）。

但短期投资必须时刻关注市场行情，也需要很长的时间来了解市场。

那么，为什么要将短期投资也加入投资组合之中来呢？因为长期投资虽然可以通过分散（多样化）来降低风险，但**发生经济危机时，所有的资产都会出现缩水。**

比如，雷曼事件时就出现过这样的情况。当发生像这样严重的经济危机时，就需要短期投资来弥补损失。

关于短期投资的技巧我将在第四章中进行详细解说，请大家务必要看一看。

达到1000万日元（10万美元）所必需的每个月的投资额

		所需年数				
		5	10	15	20	25	30
年利率%	3	15万4700日元	7万1600日元	4万4100日元	3万500日元	2万2400日元	1万7200日元
	4	15万800日元	6万7900日元	4万600日元	2万7300日元	1万9500日元	1万4400日元
	5	14万7500日元	6万4800日元	3万7800日元	2万4600日元	1万7100日元	1万2000日元
	6	14万3900日元	6万1500日元	3万4900日元	2万2100日元	1万4800日元	1万日元
	7	14万500日元	5万8500日元	3万2100日元	1万9700日元	1万2800日元	8200日元
	8	13万7100日元	5万5500日元	2万9600日元	1万7600日元	1万1000日元	6700日元
	9	13万3800日元	5万2700日元	2万7300日元	1万5700日元	9500日元	5500日元
	10	13万600日元	5万日元	2万5100日元	1万3900日元	8100日元	4400日元
	11	12万7500日元	4万7500日元	2万3100日元	1万2400日元	6900日元	3600日元
	12	12万4500日元	4万5100日元	2万1200日元	1万1000日元	5900日元	2900日元

※ 假设1美元兑换100日元

参考：GRANDTAG FINANCIAL CONSULTANCY STRAITS TIMES GRAPHICS

总 结 出现经济危机时，短期投资能够弥补长期投资的损失。

24

了解"股价是由什么决定的"
Understand what determines the stock price

全球股票市场如今都相互联系，一个国家或地区的股价会受其他国家或地区股价的影响而出现波动。随着时间的推移，这种联系也变得越发紧密。

原因在于**算法（计算机自动交易股票）的影响在逐年变强。**

据我在日本和亚洲各国从事基金行业的朋友所说，以前亚洲股市并不受算法的影响，但近年来算法在亚洲的影响也越来越大。

从每年公布的对冲基金报告来看，采用量化交易策略的基金的业绩都名列前茅。而且使用算法的基金也比 20 年前增加了许多。

每年基金公司都会在算法设备上投入大量的资金，而算法对股市的影响也越来越大。

最终，美国、欧洲和亚洲市场的价格变动都趋于统一。

以前需求和供给决定价格，但现在算法对价格的影响非常大。

对于想要进军金融市场的读者，我强烈建议您学习计算机编程。我以前没有学，现在非常后悔。

算法的影响在今后或许会更加强烈。请大家务必牢记这一点。

不过**在真正进行投资的时候，不能过于在意算法的影响。**尽管也有理论认为"在算法的影响下，市场将会如此变化"，但这种理论并不绝对。而且因为不断有新的算法出现，所以算法对市场的影响也会不断地发生改变。

被算法支配的供需关系

基本的价格决定方法

需求　供给

由需求和供给的平衡决定

现在的价格决定方法

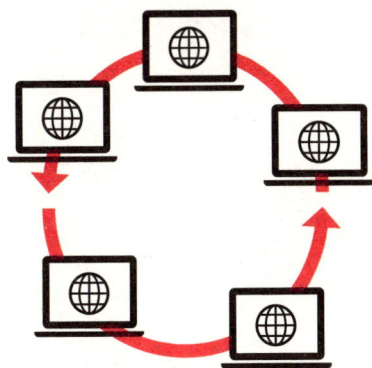

由算法的交易决定

总结 因为现在算法影响了供需关系，所以也对价格产生了影响。

日本的生活水准排在世界第 29 名！

GDP 的数值代表一个国家的总体收入情况，但关键在于人均 GDP 的数值，因为人均 GDP 才能真正反映出一个国家国民的生活水平。

经济合作与发展组织（OECD）每年都会公布世界各国的人均 GDP。根据这个数据可以看出，日本的人均 GDP 低于绝大多数发达国家，甚至比新西兰和韩国更低。我还在日本时的 20 世纪 80 年代，日本可是排在世界第二位的。

那么，怎样才能让日本恢复到曾经的地位呢？

要想让经济复苏有许多种方法，我想到的方法之一就是**让金钱更容易流动起来，让商业活动更容易开展**。

世界银行对世界各国"开展商业活动的难易度"进行了统计。最新的数据表明，日本排在世界第 29 位。

日本人均 GDP 下降，也就是生活水准下降，原因之一就在于开展商业活动变难了。

日本拥有很强的实力，也有很多机会，但在开展商业活动上确实非常困难。

我在回到日本之后曾经咨询律师"在日本成立一家公司大约需要多长时间和多少费用"，对方说"大约需要 20 万日元和 1 个月"，这实在是让我大吃一惊。如果是在美国或新加坡的话，只需要 1 万~ 2 万日元和几天的时间就能搞定了，而且要在日本开公司还需要办理各种各样的手续。我认为，如果不能简化手续，提高效率，日本恐怕很难提高人均 GDP。

Chapter

3

投资组合

投资组合指的是"金融产品的组合"。比如，你拥有 100 万日元，需要决定对"什么""投资多少比例"进行分配。在本章之中，我将介绍投资组合的关键要素和具体的金融产品。

25

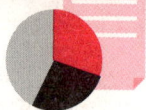

推荐上市且成本较低的 ETF
I recommend low cost ETFs

对于资本积累，很多人都推荐购买指数基金，但我并不推荐。指数基金指的是"为了与日经平均股价和东证股价指数（TOPIX）等比较有代表性的股价指数联动而设计的投资信托"。

一般情况下，金融产品都是金融机构为了赚取利润而创造出来的，所以成本往往偏高。

因此我推荐 ETF。几乎所有的投资都可以通过 ETF 来进行购买。

ETF 在证券交易所上市，所以**在一天的交易时间内可以随时交易**，非常方便。

与指数基金相比，ETF 还有**"成本更低"**的优势。因为每年都要支付成本，所以如何降低成本也是必须思考的问题。

ETF 有很多种，接下来我为大家介绍一些最基础的 ETF。

我会根据长期投资的投资组合，在每个部分都推荐最合适的 ETF。

当然，我也不能保证百分之百的准确，大家在参考我的推荐之后还是要由自己来做出判断。

此外，**我在选择 ETF 时会关注净资产总额。**因为一般来说，净资产总额越大，成交额就越高，能够保证随时可以交易的话也会更有安全感。

长期投资的投资组合

股票、公司债券、不动产 发达国家、发展中国家，美元、日元及其他货币	国债 （日本、英国、欧洲） 现金	商品 金、银、铂、比特币及其他
40%～60%	10%～30%	20%～40%

　　很多网站对 ETF 都有介绍，这个叫作"TRACKINSIGHT"的网站按照净资产总额对 ETF 进行了排名。

ETF比较网站"TRACKINSIGHT"的净资产总额排名

排名	名称
1	SPDR S&P 500 ETF – USD
2	iShares Core S&P 500 ETF – USD
3	Vanguard Total Stock Market ETF – USD
4	Vanguard S&P 500 ETF – USD
5	iShares MSCI EAFE ETF – USD
6	Vanguard FTSE Developed Markets ETF – USD
7	Vanguard FTSE Emerging Markets ETF – USD
8	TOPIX 联动型上市投资信托 – JPY
9	Invesco QQQ – USD
10	iShares Core U.S. Aggregate Bond ETF – USD

2020 年 8 月 12 日
https://www.trackinsight.com/en/top/largest

总结 ETF 的净资产总额越大越好，因为这种能够保证随时交易的 ETF 更有安全感。

26

选择不同国家和不同货币的股票来实现多样化

Diversify your stock investments by country and FX

我再说一遍，投资的时候一定要注意"多样化"。

投资股票的时候，也应该通过选择不同国家和不同货币的股票来实现多样化。

比如，"VEA（Vanguard FTSE Developed Markets ETF）"是投资发达国家股票的 ETF，以美元计价。由先锋集团运营，特点是成本很低。

如果想再选择一个以美元计价的 ETF，我推荐"SPY（SPDR S&P 500 ETF）"。这是与美国最有代表性的股价指数 S&P 联动的 ETF。

对发展中国家的股票以美元计价的 ETF 我推荐"VWO（Vanguard FTSE Emerging Markets ETF）"。

以日元结算的 ETF 我选择"1306（TOPIX 联动型上市投资信托）"。

联动中国香港股票的 ETF 我也很推荐。因为香港的股票与中国内地的股票是联动的。我推荐"2800（Tracker Fund of Hong Kong ETF）"。因为这款 ETF 是以港币结算的，所以还有使货币多样化的效果。

欧洲的 ETF 我推荐以欧元结算而且净资产总额很大的"SX5S（Invesco EURO STOXX 50 UCITS ETF）"。

只要将上述 ETF 每个都少量购买一些，就能通过美元、港币、日元、欧元、发达国家股票、发展中国家股票来实现资产的多样化。

除了上述这些 ETF 之外，还有一些值得考虑的 ETF，大家也可以作为参考。

推荐的ETF【股票】

代码	名称	投资对象	货币
VEA	Vanguard FTSE Developed Markets ETF	发达国家股票	美元
SPY	SPDR S&P 500 ETF	美国股票	美元
VWO	Vanguard FTSE Emerging Markets ETF	发展中国家股票	美元
1306	TOPIX 联动型上市投资信托	日本股票	日元
2800	Tracker Fund of Hong Kong ETF	中国香港股票	港币
SX5S	Invesco EURO STOXX 50 UCITS ETF	欧洲股票	欧元

ETF所属的部分

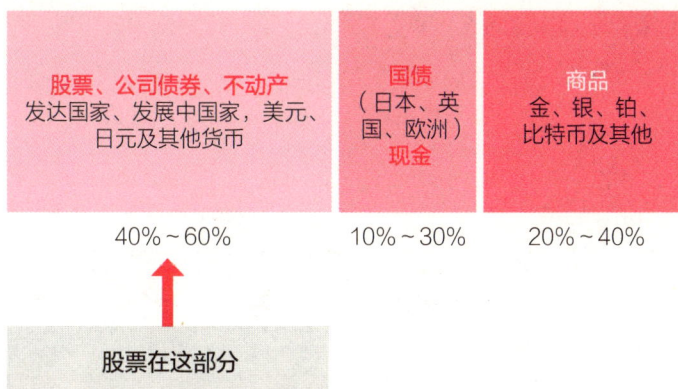

股票、公司债券、不动产 发达国家、发展中国家，美元、日元及其他货币	国债 （日本、英国、欧洲） 现金	商品 金、银、铂、比特币及其他
40%～60%	10%～30%	20%～40%

↑

股票在这部分

总结　通过发达国家、发展中国家、日本、中国香港、欧洲的 ETF 组合来实现股票的多样化。

27

公司债券应灵活利用高收益债券

I recommend High Yield Bonds for Corporate Bonds

现在以美国的高收益债券为主要投资目标，且拥有较高的净资产总额和较低成本的 ETF 是 "HYG（iShares iBoxx High Yield Corporate Bond ETF）"。

这个 ETF 与以美元计价的高收益债券组成的指数联动，在 2020 年 8 月 6 日的时间点上，组合债券的信用评级为 BB 的约占 56%，B 约占 32%，CCC 约占 10%。

和股票一样，这种类型的 ETF 也有很多，大家可以自行选择。

推荐的ETF【公司债券】

代码	名称	投资对象	货币
HYG	iShares iBoxx High Yield Corporate Bond ETF	高收益债券	美元

ETF所属的部分

股票、公司债券、不动产 发达国家、发展中国家、美元、 日元及其他货币 40%~60%	国债 （日本、英国、欧洲） 现金 10%~30%	商品 金、银、铂、比特币 及其他 20%~40%

↑
债券在这部分

总结　高收益债券的 ETF 能够获得比较高的收益。

28

利用 3 个 ETF，使国债的期间多样化

Diversify your Bond ETFs by Duration

国债我推荐购买美国国债。因为在全世界利率都比较低的情况下，美国国债仍然保持着较高的利率。而且从安全性的角度考虑，也建议购买美国国债。

比如，**"TIP（iShares TIPS Bond ETF）"** 购买的就是期间比较短的国债。

"BND（Vanguard Total Bond ETF）" 购买的则是期间在 1～20 年的国债，**"TLT（Shares 20+ Year Treasury Bond ETF）"** 购买的是期间超过 20 年的国债。

通过购买这些不同期间的组合，就能够实现"短期""中期""长期"的期间多样化。

此外，**现金我建议放在证券账户里。** 因为即便存在银行里也没有多少利息。不如放在证券公司的账户里，随时可以用来进行投资。

推荐的ETF【国债】

代码	名称	投资对象	货币
TIP	iShares TIPS Bond ETF	短期美国国债	美元
BND	Vanguard Total Bond ETF	1~20 年美国国债	美元
TLT	Shares 20+ Year Treasury Bond ETF	20 年以上美国国债	美元

总结 国债应综合购买"短期""中期""长期",实现期间多样化。

29

贵金属、原油、天然气、农产品的推荐 ETF

Recommended ETFs for Precious Metals, Oil, Natural Gas, Agriculture

关于商品这部分，如果想投资黄金，"GLD（SPDR Gold Shares）"和"IAU（iShares Gold Trust）"都是净资产总额比较大的 ETF。"IAU"的成本更低一些。想投资矿山的话，"GDX（VanEck Vectors Gold Miners ETF）"是比较大的金矿 ETF。

推荐的ETF【金】

代码	名称	投资对象	货币
GLD	SPDR Gold Shares	黄金	美元
IAU	iShares Gold Trust	黄金	美元
GDX	VanEck Vectors Gold Miners ETF	金矿	美元

白银选择"SLV（iShares Silver Trust）"，铂金选择"PPLT（Aberdeen Standard Physical Platinum Shares ETF）"，钯选择"PALL（Aberdeen Standard Physical Palladium Shares ETF）"。

还有许多可投资的商品。比如，"DBB（Invesco DB Base Metals Fund）"就是投资锌、铅、铝、铜等基础金属的 ETF。

在原油方面净资产总额最大的是"USO（United States Oil Fund LP）"。此外，还有天然气的 ETF"UNG（United States Natural Gas Fund LP）"。但是这两个 ETF 的变动率都非常高，投资的话最好

少买一点。

投资农产品的 ETF 我推荐"DBA（Invesco DB Agriculture Fund）"。这个 ETF 包括小麦、玉米、砂糖、大豆等组合。

如果购买上述全部 ETF，就能充分地实现多样化。而且**因为这些都是净资产总额比较大的 ETF，所以基本上任何时候都能出售**。我个人并不进行单一品种的投资，但因为我也不是绝对正确，所以对某个品种感兴趣的读者也可以根据自己的判断来进行投资。

推荐的ETF【其他商品】

代码	名称	投资对象	货币
SLV	iShares Silver Trust	白银	美元
PPLT	Aberdeen Standard Physical Platinum Shares ETF	铂金	美元
PALL	Aberdeen Standard Physical Platinum Shares ETF	钯	美元
DBB	Invesco DB Base Metals Fund	基础金属	美元
USO	United States Oil Fund LP	原油	美元
UNG	United States Natural Gas Fund LP	天然气	美元
DBA	Invesco DB Agriculture Fund	农产品	美元

总结 商品除了金、银、铂之外，再加入一些基础金属和农产品的组合更好。

30

不要被"高分红"给骗了

Don't be lured into only High Dividend Investments

长期持有高分红的股票，用收到的分红再进行投资，这样金钱就会越来越多，自然而然地成为有钱人。有没有人拿这套说辞来推荐你购买所谓高分红股票？高分红、高利息……日本人都喜欢这种投资。

但实际上真有这种好事吗？

根据我在华尔街工作多年的经验，对于上述想法恐怕不敢苟同。

事实上，国外也有不少金融机构用同样的话术来推销自己的金融产品。

在这个时候，他们给顾客看的图表之一，就是美国最有代表性的股价指数 S&P500 的趋势图（见下页上图）。

这个图表上有两条线。一条是将分红再次投资时的收益，另一条是不将分红再次投资时的收益。

如果从这个图表上来看，显然将分红再次投资会更加有利，也就是购买高分红的股票更加有利。

因为很多人都相信了这个图表，所以金融机构也推出了许多高分红的产品，其中也包括很多 ETF。甚至还有分红高达 30% 的产品（见下页下图）。

虽然从 S&P500 的趋势上来看，将分红用于再次投资是有利的，但在投资高分红股票时要谨慎。对于其中存在的问题我将在下面详细说明。

S&P500的变化趋势

S&P 500
Total Return with Dividends and Price Index

将分红再次投资的情况

不将分红再次投资的情况

Monthly data as of August 8, 2013 covering January 1988 to July 2013, source: S&P Dow Jones Indices.
Past Performance is not a guarantee of future results. It is not possible to invest in an index.

高分红的ETF

分红率超过30%！

代码	名称	分红率
REML	Credit Suisse X-Links Monthly Pay 2xLeveraged Mortgage REIT ETN	31.34%
PIN	Invesco India ETF	30.38%
USOI	Credit Suisse X-Links Crude Oil Shares Covered Call ETN	25.80%
HEWY	iShares Currency Hedged MSCI South Korea ETF	25.64%
PREF	Principal Spectrum Preferred Securities Active ETF	21.84%

※ 截至 2020 年 7 月 24 日
出处：ETFdb.com/Top 100 Highest Dividend Yield ETFs

总结

虽然从长期的角度来看，将分红用于再次投资能够获得更高的收益，但投资高分红股票时必须谨慎。

31

提高收益的"轮转投资"
Increase your returns with Asset Rotation

在上一节中，我提到将分红用于再次投资能够增加收益，但还有一种可以获得更高收益的投资策略，那就是"轮转投资"。请看从 2005 年到 2015 年的投资收益走势图（见下图）。之所以选择这个时间段，是因为在 2008 年爆发了雷曼事件，可以让大家对**"出现巨大危机时会出现怎样的变化"**有一个更直观的印象。

这两条曲线都是采用"股票与黄金"的投资组合时的收益状况。其中一条是股票占三分之二、黄金占三分之一的投资组合。全世界绝大多数基金采用的是这种三分之二股票、三分之一安全商品的投资组合。另一条曲线采用的是**"轮转投资"策略**。比如，上个月黄金的收益比股票的收益更高，那么下个月就增加黄金的占比。像这样每个月对投资组合进行调整的策略就是轮转投资策略。

股票与黄金的投资组合

Equity

轮转投资

股票占三分之二、黄金占三分之一的投资组合

出处：Seeking Alpha

如果将 S&P500 之中的股票全部买下并持有 10 年，算上分红后的年复合增长率（CAGR）为 8.45%。这个时期的波动率为 19.57%，其中价格下跌最大的跌幅（Draw Down）为雷曼事件时的 55.44%。

但如果采用轮转投资策略，情况就会大有不同。比如，以 SPY（美国股票）、EFA（欧洲股票，包含少量发展中国家股票）、GDR（黄金）的投资组合进行轮转投资，**收益就会大幅提升。**

而且在波动率不变的情况下最大跌幅 46.24%，也好于前述的 55.44%。也就是说，与投资 S&P500 相比，采用轮转投资策略会有更高的收益。

轮转投资策略

		年复合增长率（CAGR）	夏普比率	波动率	最大跌幅（Draw Down）
1	持有与S&P500联动的ETF的情况	8.45%	0.51	19.57%	55.44%
2	以夏普比率优秀的3种ETF（SPY、EFA、GLD）进行轮转投资	15.8%	0.86	19.24%	46.24%
3	2+中期美国国债ETF（SHY）的轮转投资	18.24%	1.07	17.09%	24.87%
4	2+长期美国国债ETF（TLT）的轮转投资	20.94%	1.16	17.75%	24.44%

参考：Seeking Alpha

总结 充分利用轮转投资策略，能够提升收益、降低风险。

32

"夏普比率"是把握投资优劣的关键

Sharpe Ratio is key to understanding good investing strategies

为了让大家更深刻地理解警惕高分红股票的理由，我要为大家介绍一个**投资初学者必须了解的指标——夏普比率（Sharpe Ratio）**。

夏普比率的数值越大，说明超出风险的收益越大。也就是说，只要看一下夏普比率，就能知道这项投资**"是否能够有效地获得收益"**。

夏普比率的计算公式如下。

夏普比率的计算公式

$$\text{夏普比率} = \frac{\text{投资组合的收益率} - \text{安全资产的收益率}}{\text{标准偏差}}$$

比如，一个投资者将自己全部的资产都购买了一只股票，那么它的波动率就会非常高。在雷曼事件的时候股价甚至可能下跌 60%~80%。因为在股市整体下跌 50% 的时候，个别股票可能会比大盘下跌得更多，波动率也就更高。这样一来，标准偏差也就会变高。

另一个投资者则通过购买 10 种商品来实现投资的多样化。其中有 5 种股票，2 种国债等安全产品，3 种贵金属。

那么，如果两个投资者的收益相同，你会选择哪一个呢？

当然会选择第二个对吧。因为第二个投资者的波动率不高，不会给人造成很大的心理压力。既然收益相同，那肯定选择第二个了。

接下来就是重点部分了。

投资不能只看收益就决定"这是最好的策略"。

如果是这样的话，那么一个人只买一只股票，通过集中投资获得了巨大的收益，那么这就是最优秀的策略了。

但实际上华尔街和全世界的投资机构都不会这样做。因为大家都会看波动率和夏普比率。

哪一个的运营更优秀？

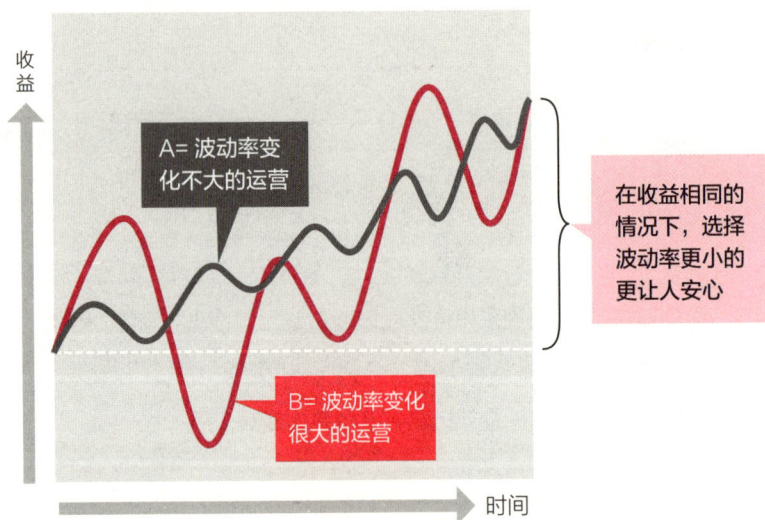

收益

A= 波动率变化不大的运营

在收益相同的情况下，选择波动率更小的更让人安心

B= 波动率变化很大的运营

时间

总结 不能只看收益，夏普比率越高的投资越优秀。

33

"低标准偏差"是优秀投资者的证明

Low variance is a sign of experienced investing

我在对冲基金公司工作的时候，顾客对我提出的第一个问题永远是**"你的夏普比率是多少"**。

1是及格线，2是良好，3是优秀。但几乎没有人能够达到3。因为要想达到3，就必须将夏普比率计算公式的分母，也就是标准偏差降到非常低才行。

标准偏差低意味着"没有波动"。也就是说你的运营成绩必须一直保持增长，几乎不能出现减少的月份。

运营成果会对标准偏差的值产生极大的影响。

耶鲁大学工商管理学院在报告上公布了一份名为"Buy and Hold"的非常重要的图表。这是对持有股票的长期投资和短期投资进行比较的图表。

20世纪90年代以来，在美国股市急速上涨的时期，短期投资和交易的收益非常惊人。根据"Buy and Hold"的数据，购买112种指数基金并长期持有获得的收益，要远远逊色于短期投资获得的收益。

这就是夏普比率高，也就是标准偏差低带来的结果。

要想增加资产，只有高收益是不够的。因为过高的波动率也会带来很大的风险。如果自己的资产有可能缩水到80%以下的话，谁会愿意来投资呢？

**Figure I: Day Trading versus Buy-and-Hold Strategy
Average Across 112 Foreign Stock Funds**

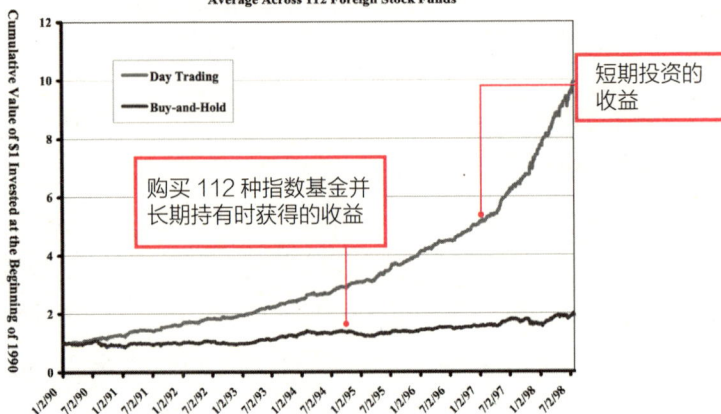

购买 112 种指数基金并长期持有时获得的收益

短期投资的收益

Day Trading

Buy-and-Hold

出处：耶鲁大学工商管理学院

　　所以最优秀的投资应该是**"收益高、没有损失"**。也就是标准偏差低。

　　要想实现这个目标，一味地购买高分红的股票显然是错误的。

　　"一定能够拿到分红"其实是一个思维陷阱。就算能够拿到分红，但在雷曼事件和新冠肺炎疫情等危机爆发时，投资资产也会大幅缩水。美国的股票市场在新冠肺炎疫情的冲击下一个月的时间市值减少了大约 35%，而在雷曼事件时更在一年半的时间里缩水了大约 55%。因此，**仅仅依靠分红的话，很难在中长期的时间里获得理想的收益**。大家也要注意不要掉进这样的陷阱之中。

总结

股价大幅下跌时，就算能够拿到高额分红，也难以弥补损失。

工资不涨，税金上涨？

日本政府的债务与 GDP 比率是世界第一。为了偿还债务，日本政府只能依赖税收。

日本的消费税从 1989 年的 3% 一直涨到现在的 10%。而在过去 25 年间（1995—2020 年），日本的工资上涨率却几乎没有提升。也就是说，日本人的收入并没有增加，却要支付更多的消费税。

出现这种情况的原因之一，我认为就是政府的债务问题。拥有政府债权最多的就是日本银行，拥有日本发行的国债数量的 50% 以上。

与其他国家相比，日银持有的国债比率非常高。当然，日本政府并不会因为债务太高而出现破产的情况。但如果这种状态持续下去，最后将由谁来承担这一切呢？答案是国民。国民必须缴纳更多的税金。

但我认为消费税上涨会导致消费减少。而要想促进经济发展，消费是必不可少的。因此，我认为**政府必须对债务进行调整**。用专业术语来说就是调整债务结构。具体来说，政府可以延长向日银偿还国债的期限。可以延长 3～10 倍。如果购买国债的是海外的国家或企业，那么这种方法就很难实现。但日本的国债绝大部分都被日银买去了，所以这种方法应该行得通。

现在金融市场流通的日本国债的期限是 50 年，如果能够通过调整债务结构延长到 100 年的话，日本政府就能减轻国民税收的负担。这样一来，国民也不必再承担高额的消费税，就能促进消费，使经济状况活跃起来。

Chapter

4

短期投资

本章我将主要为大家介绍我在华尔街学到的"图表分析方法"。可能听起来有些复杂，但因为这是初学者也应该掌握的基础知识，是成为有钱人必不可少的"素养"之一，所以请大家务必掌握。

34

顺应市场的趋势
The basics of Chart Analysis means Ride the Trend!

短期投资的关键就在于顺应市场的趋势。当价格上涨的时候就"买"，价格下跌的时候就"卖"。这在投资领域被称为"追涨杀跌"。

反之，也有在价格下跌的时候认为"便宜了"而买入的操作，这被称为"追跌杀涨"。

我自己也曾经尝试过几百次的"追跌杀涨"，但我认为顺应市场趋势的"追涨杀跌"的风险回报比更高一些。

对投资初学者来说，"追涨杀跌"比"追跌杀涨"更好

追涨杀跌＝顺应市场趋势　　　　　追跌杀涨＝逆市场趋势

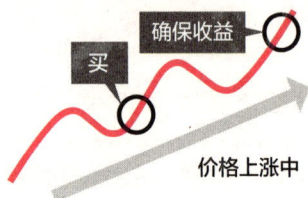

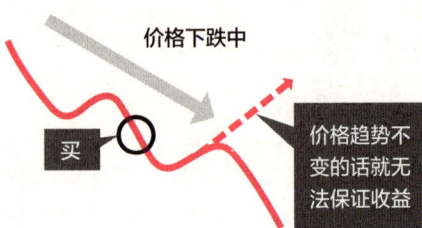

确保收益

买

价格上涨中

价格下跌中

买

价格趋势不变的话就无法保证收益

还有一个法则，**"与顺应一次大趋势相比，顺应 10 次小趋势更容易确保收益"**。

比如，同样确保 1 万日元的收益，要想通过 1 次投资获得 1 万日元的收益，需要价格上涨 1 万日元。但如果通过 10 次投资获得 1 万日元收益的话，每次只要价格上涨 1000 日元即可，这要比价格上涨 1 万日

元简单得多。

换成利润率来说也一样。如果想通过 1 次投资获得 100% 的回报，那需要股价上涨到原来的 2 倍才行。但这样的机会可以说是少之又少，或者需要花费很长的时间。

反之，如果通过 10 次的投资获得 100% 的收益，那么每次投资只要获取 10% 的收益即可。股价上涨 10% 的概率比股价上涨 100% 的概率要高得多。所以**获取 10 次 10% 的收益更容易实现**。

投资次数越多，安全性越高。10 次投资中即便有一次非常失败，也可以通过其他 9 次的成功来弥补损失。

赚1次100万日元不如赚10次10万日元

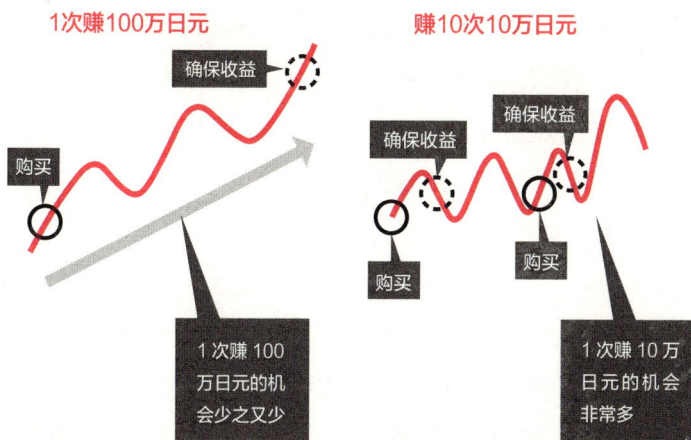

1次赚100万日元

赚10次10万日元

确保收益

购买

1 次赚 100 万日元的机会少之又少

确保收益

确保收益

购买

购买

1 次赚 10 万日元的机会非常多

总结 与赚 1 次 100 万日元相比，赚 10 次 10 万日元更容易。

35

与沃伦·巴菲特背道而驰的短期投资策略

A short term strategy which was opposite of Warren Buffett

说起短期投资，可能很多人的印象都是"必须一直盯着电脑屏幕随时准备进行交易"，但实际上并非如此。

我所说的短期投资指的是**"不长期（1 年以上）持有，在几天到几个月之内进行交易"**的意思。

缩短持有时间也就意味着缩短了暴露在风险中的时间，因此可以充分利用这一点来顺应市场趋势。我采取的就是这种策略。

以美国航空公司的 ETF"JETS"为例。

2020 年 5 月，新冠肺炎疫情扩散全球，新闻报道说沃伦·巴菲特以"世界发生了改变"为由，卖掉了他持有的全部美国的航空股票。

这个时候，我却购买了美国航空公司的 ETF"JETS"。

为什么我这么有自信呢？因为根据对图表分析的结果，我认为这个 ETF"在短期内会上涨"。事实上我也获得了巨大的收益。

我不投资个别的股票。理由主要有以下两点：①**个别股票的股价容易受新闻报道的影响而出现变动**；②大规模的投资机构将持有的股票大量抛售时会使个别股票的价格出现巨大波动。也就是说，**个别股票的价格趋势很难准确把握**。

因此，我基本只购买 ETF。**即便只投资 ETF，也能获得巨大的收益。**

K 线图能够直观地看出股价的变动情况。当价格降低时，黑色的柱体就会变长，如果**黑色柱体呈阶梯状下降，就说明股价处于非常危险的状态。**

反之，**白色的柱体呈阶梯状上升的时候则是投资的良机。**移动平均线（根据一定期间的价格计算平均值，用曲线表示）的期间一般设定为25日。因为25日的日K线图就相当于一个月的工作日时间，所以能够代表"大约一个月时间的价格变动情况"。

单纯从策略角度来说，如果曲线在25日移动平均线下方的时候，就会出现短期的下降趋势。反之曲线在移动平均线上方的时候则会有上升趋势。

JETS的曲线（2020年2月中旬—5月/日K线图）

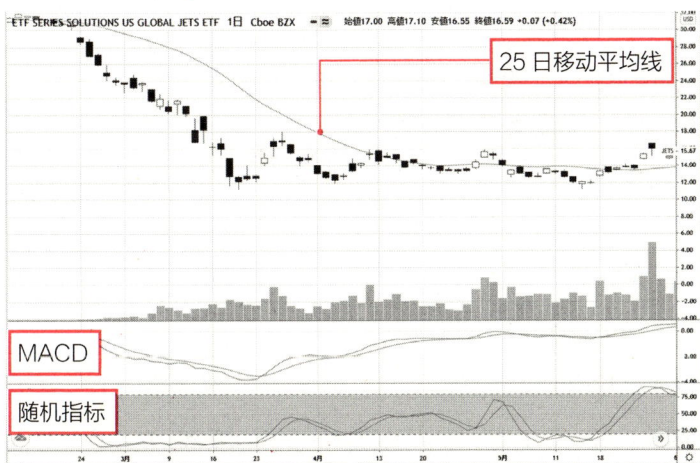

出处：TradingView https://jp.tradingview.com/

总结　与模仿知名投资者相比，不如相信
图表进行短期投资。

36

通过成交量来把握交易的时机

Checking the volume helps to determine when to Buy or Sell

除了移动平均线之外，还需要确认的数据是**"成交量（交易额）"**。成交量是非常重要的指标，我对 JETS 的成交量就非常关注。虽然沃伦·巴菲特实际卖出美国航空公司的股票是在 1—3 月，但直到 5 月新闻才报道了这一消息。

于是我开始观察 JETS 的成交量。因为在价格下跌时的成交量并不高，所以我认为抛售的人并不多。但在价格上涨时的成交量成倍增加，这更给了我看涨的信心。尤其是在 5 月 27 日，成交量甚至达到最近 1~2 个月以来平均成交量的几倍之多。从如此高的成交量上来看，我做出了"想购买的人非常多"的预测。

结果 JETS 的价格确实上涨了许多。

综上所述，我建议大家在看 K 线图的时候，除了柱体还要看成交量。

看完成交量，接下来要看的是**"MACD（平滑异同移动平均线）"**。因为当两条线相交时，价格的方向也会发生改变，让人一目了然。关于 MACD 的设定方法请参见第 86 页。

最后是**"随机指标"**（详见第 90 页）。随机指标的使用方法和 MACD 类似，也是当两条线相交时价格的方向发生改变。此外，当两条线高于阴影部分的时候可能被高估，低于阴影部分的时候则可能被低估。

我在 4 月和 5 月买入 JETS 的时候，MACD 呈上升趋势。当时的成交量有非常明显的上升趋势，随机指标也呈上升趋势。综合这些因素考虑，我认为这是一个很好的投资机会。

如果只是进行短期投资的话，不必考虑前面介绍的所有指标。只要把握住其中一个趋势即可。如果能够同时符合两到三个趋势的话就是非常理想的状态了。

最简单的方法就是观察"移动平均线"。如果曲线在 25 日移动平均线上方就是处于上升趋势，在下方就是处于下降趋势。对初学者来说，在此基础上再观察一下成交量就足够了。等习惯了看 K 线图之后，可以再多观察一下 MACD 和随机指标。

请选择一个你感兴趣的股票、ETF、债券、商品……什么都可以。先通过图表来观察一下趋势，然后根据短期策略进行投资。

经过几次实际尝试，感觉对自己有信心之后，不妨增加短期投资在投资组合中所占的比率。

JETS的图表（2020年3月下旬—5月/日K线图）

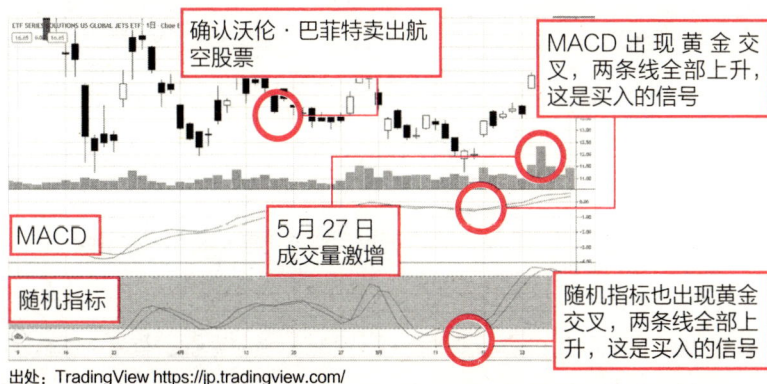

确认沃伦·巴菲特卖出航空股票

MACD 出现黄金交叉，两条线全部上升，这是买入的信号

MACD

5 月 27 日成交量激增

随机指标

随机指标也出现黄金交叉，两条线全部上升，这是买入的信号

出处：TradingView https://jp.tradingview.com/

总结　价格上涨时成交量越高，说明想购买的人越多。

37

要想成为投资专家，图表必不可少

To master investing, Charts are necessary

要想成为投资专家，必须掌握哪些方法呢？

首先必不可少的就是**"掌握分析图表的方法"**。对我来说，分析图表也是非常重要的步骤。

图表是由数据构成的，所以"分析图表 = 分析数据"。

即便是同一张图表，不同的人看到也可能会有不同的理解。大家可以试着建立自己的判断方法。

对初学者来说，需要先了解**"图表的基本形态"**。把握图表的形态有许多种方法，我比较常用的有"MACD""随机指标"和"布林线指标"。

这些指标也经常被用于分析经济数据，但最常用的还是用于**分析股票、FX（Foreign Exchange）、债券以及商品的价值变化**。在金融世界使用的工具同样能够用于经济的世界。

学习图表形态最有效率的方法就是阅读与图表分析相关的书籍。

我在 20 多岁的时候就阅读了许多有关图表分析的书。因为基本都是自学的，所以我在重要的部分都做了笔记（当时电子设备还不怎么发达，我做笔记都是手写的。现在完全可以用电子设备来做笔记）。

那么，什么是图表的形态呢？

我来举一个简单的例子。

比如，"双顶"，指的是图表中出现两个相邻的高点的情况，这意味着价格可能已经达到最高值。下图是日经平均股价的日 K 线图。"日 K 线图"指的是一个柱体代表一天的价格变化。在画面的左侧出现了双顶的情况。通过阅读图表分析的书籍，可以学到发现这种图表形态的方法。

我最常用的工具是 MACD。绝大多数的图表工具之中都有 MACD，所以大家也可以放心使用。

顺带一提，我比较常用的图表工具之一是"TradingView"的免费版。不管是收费版还是免费版都有 MACD，而且显示的效果是完全一样的。

TradingView的示例　双顶

出处：TradingView https://jp.tradingview.com/

总结　阅读图表分析的书籍，掌握图表的形态。

38

利用"MACD"找出上升和下降的转换点

Determine a uptrend or downtrend by using MACD

我在上一节中提到，我常用的指标有 MACD、随机指标及布林线指标。

但我在使用的时候会对"参数"进行调整。

MACD 是从移动平均线发展而来的技术分析工具。但 MACD 与普通的移动平均线不同。普通的移动平均线只是对一定期间的价格平均之后的"简单移动平均（SMA）"。

而 MACD 所使用的移动平均则是重视近期价格的移动平均"指数平滑移动平均（EMA）"。**因为重视近期的价格，所以对当前价值变化的反应更为迅速。**

MACD 的参数包括 Fast Length、Slow Length、Source、Signal Smoothing。不管使用哪种图表工具，这个分类都是基本相同的。

因为现在价格变动的速度很快，所以我一般会像下面这样设定参数。

我现在设定的 MACD 参数：

Fast Length =8

Slow Length =18

Source = close

Signal Smoothing=6

但世界上普遍使用的 MACD 参数是像下面这样：

Fast Length =12

Slow Length =26

Source = close

Signal Smoothing=9

MACD参数的设定示例

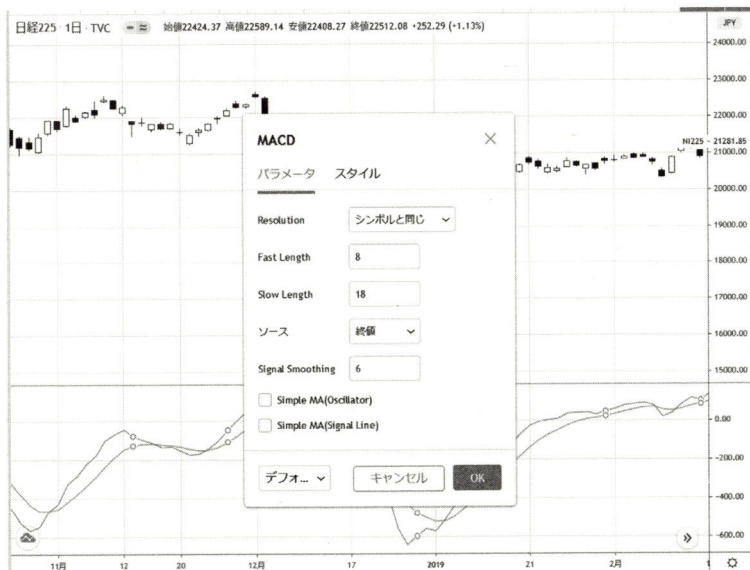

出处：TradingView https://jp.tradingview.com/

Fast Length 是移动比较快（期间短）的移动平均线，Slow Length 是移动比较慢（期间长）的移动平均线。

我在进行市场分析时经常使用 MACD，但会根据价格变化的速度对参数进行调整。这个时候我会以世界普遍使用的参数为基准，然后乘以一定的比率。比如，我现在设定的参数就是以 12、26、9 分别乘以 67% 之后计算出的 8、18、6。

在图表上表示 MACD 的时候，需要将两条线画在图表之外的地方。**我比较关注两条线的交叉点。**

请看实际的图表（见下页）。

1 部分的 MACD 是两条曲线由上向下转变的"死亡交叉"。
出现死亡交叉且两条曲线都向下延伸的情况，是价格从上升趋势转变为下降趋势的信号。从实际图表上的价格变动情况来看，也确实出现了这种变化。

2 部分的 MACD 是两条曲线由下向上转变的"黄金交叉"。
在这种情况下，如果两条曲线都是向上延伸，则可以看作价格从下降趋势转变为上升趋势的信号。实际图表上的价格也确实出现了同样的变化。

除了上述方法之外，MACD 还有许多种用法。但这种**关注两条线交叉点的方法是最简单的方法。**

MACD的使用方法

总结 2 条移动平均线交叉的时候意味着
价格趋势发生变化。

89

39

利用"随机指标"把握价格趋势

Understand the market direction using Stochastics

随机指标和 MACD 一样，都是"通过两条曲线的交叉点来把握价格趋势的转变"。

随机指标需要设定的参数有 K、D 和 Smooth。一般设定为以下的数值。

一般情况下的设定（价格变动比较快时）:

K=14

D=3

Smooth=3

我现在使用的就是上面这组参数。但因为随机指标和 MACD 类似，曲线的变化比较迅速，所以在市场平稳的情况下也可以设定为以下的数值。

我常用的设定:

K=28

D=6

Smooth=6

随机指标的设定方法（纽约道琼斯指数日K线图）

设定3个项目

出处：TradingView https://jp.tradingview.com/

　　现在由于受新冠肺炎疫情的影响，市场的波动率非常高，所以我会将参数设置得比较低。

　　随机指标由%K和%D两条曲线表示，当%K从%D的下方向上穿过时就是黄金交叉，反之则是死亡交叉。

　　黄金交叉是价格上涨的信号，死亡交叉则是价格下跌的信号。不过在出现黄金交叉但两条曲线没有上升趋势的情况时，说明价格上涨的趋势较弱。而出现死亡交叉但两条曲线没有下跌趋势的情况，则说明价格下跌的趋势较弱。

随机指标现在的设定与一般情况下的设定（纽约道琼斯指数日K线图）

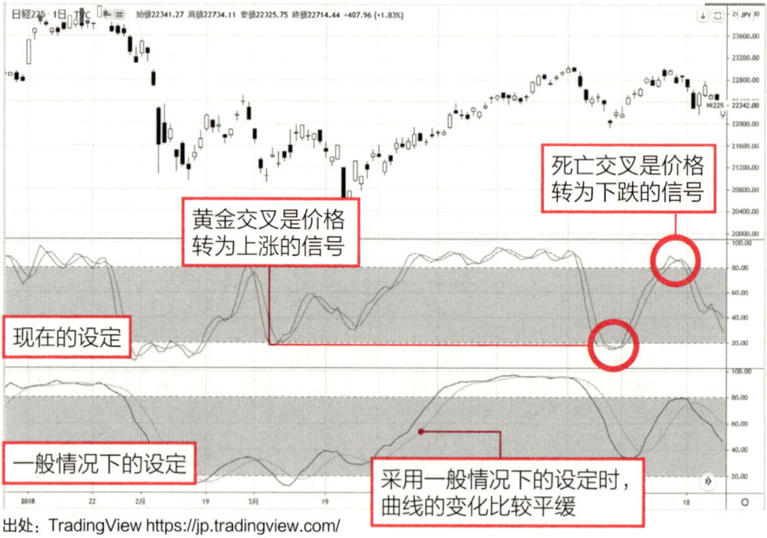

死亡交叉是价格转为下跌的信号

黄金交叉是价格转为上涨的信号

现在的设定

一般情况下的设定

采用一般情况下的设定时，曲线的变化比较平缓

出处：TradingView https://jp.tradingview.com/

总 结 通过观察曲线交叉时的走势，能够看出价格变化趋势的强弱。

40

"布林线指标"可以作为价格剧烈变动时的参考

Bollinger Bands are important when the price breaks the Band

布林线指标由上轨线、中轨线、下轨线组成。中轨线就是移动平均线。上、下轨线则是标准偏差。在波动率较高的情况下，上、下轨线之间的区域较大；波动率较低的情况下，上、下轨线之间的区域则较小。

布林线指标（纽约道琼斯指数日K线图）

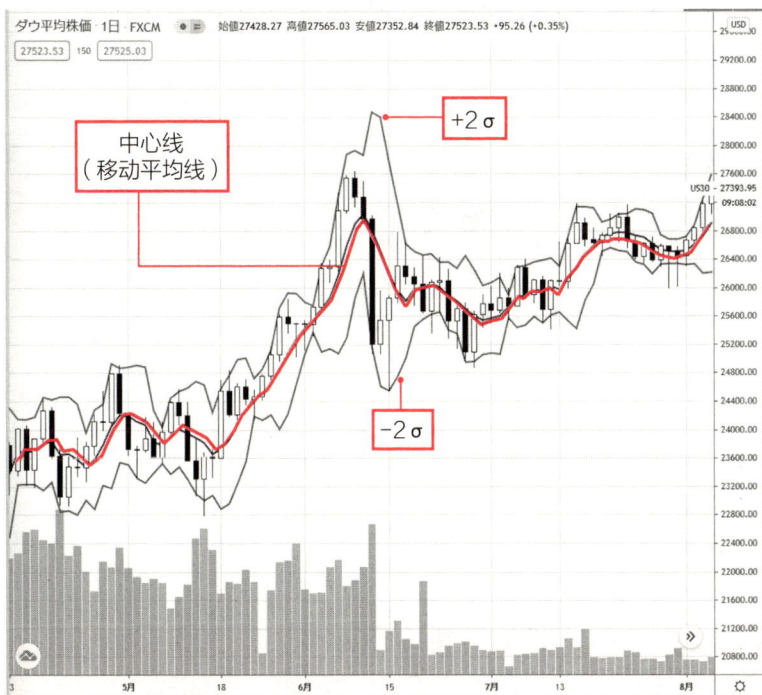

出处：TradingView https://jp.tradingview.com/

93

我常用的参数设定如下。适合短期投资。

我的设定：

参数 =20

布林线指标如上页图表所示，由中轨线（移动平均线）和上下两个区间组成。在上页的图表中设定的上下区间为 ±2σ，也有设定为 ±1σ 和 ±3σ 的情况。我个人常用 ±2σ。

布林线指标是根据统计学计算出的指标，价格处于上下区间内的概率如下所示。

价格处于区间内的概率：

处于 ±1σ 范围内的概率约 68.2%

处于 ±2σ 范围内的概率约 95.4%

处于 ±3σ 范围内的概率约 99.7%

由此可见，**价格超出区间的概率非常低。**比如，在 ±2σ 的情况下价格超出区间的概率只有 4.6%。

总结

即便价格曲线超出区间，也有很大的概率回到区间之内。

41

判断股价被"高估"还是
"低估"的"RSI 指标"

RSI shows whether the price is historically overvalued or undervalued

"RSI 指标"能够"根据过去的价格走势判断股价被高估还是被低估"。华尔街普遍使用的设定如下。

一般情况下的设定：

期间 =14

上方区域 =70

下方区域 =30

根据我的经验，RSI 指标具有一定的危险性，所以必须注意。比如，当 RSI 低于 30 的时候，做出超卖（股市术语，指证券价格显著下跌后，近期内可能上涨）的判断而买入，但价格有时候还会继续下跌，而且不知道究竟会跌到什么程度。

我的分析方法之一是根据历史趋势进行判断。比如，过去 5 年间 RSI 指标都没有低于 20，那么在低于 20 的时候就做出"买入"的判断。

RSI指标的使用方法（纽约道琼斯指数日K线图）

通过长时间的 RSI 指标来把握价格的上限和下限

出处：Trading View https://jp.tradingview.com/

总 结　RSI 指标可以根据过去的价格变化趋势来把握买入和卖出的时机。

Chapter 5

投资商品

贵金属、原油

全世界的有钱人不只买股票，还通过购买不动产（第六章）、贵金属，甚至比特币和原油来进行分散投资。对于其他投资相关的书籍鲜有介绍的这部分内容，我将在本章中为大家说明。

42

黄金是未来 30 年最有潜力的资产

Gold is one of the most important investments for next 30 years

在贵金属之中，黄金是"**未来 30 年最有潜力的资产之一**"，不管是年轻人还是老年人，不管你居住在哪个国家，都应该持有黄金作为资产。

但大家在学校里一定没有学习过关于黄金价值的知识吧。我在美国的学校里也没学过。因为**任何一个国家的政府都不鼓励国民去购买黄金。**

黄金自古以来就在世界范围内被当作贵重物品，其历史甚至可以追溯到 5000 年前的古埃及时期，日本也有漫长的使用黄金的历史。

黄金的历史

大约 5000 年前   现代

古埃及时期

黄金之所以自古以来一直被广泛地作为资产使用，最大的因素之一就是**人工无法合成**。易于伪造的物品无法承担黄金的功能。同时因为黄金的产量有限，所以价值也有所保障。这也使得黄金在使用时更令人安心。

而且黄金的价值不受国家和文化差异的影响。任何国家都使用黄金，因为所有人都能够直观地认识到黄金的价值。

这一点从古至今都没有发生改变。虽然现在世界的基准货币是美元，但国际标准化组织（ISO）也将黄金、白银、铂金作为世界通用的货币。

全世界的中央银行，尤其是发达国家的中央银行都存储有大量的黄金。因为黄金就是金钱。如果有人问你"黄金是什么"，最准确的回答就是"金钱"。

自古以来就有很多人积攒黄金作为资产。

比如，20世纪初美国人的个人投资组合中，黄金占比在5%以上，现在占比已经降到了1%～5%。许多个人投资者都减少了持有的黄金。即便如此，美国个人投资者的黄金持有率仍然非常高。因为美国之外的其他国家，尤其是日本的投资者几乎都不持有黄金。

那么，为什么要投资黄金呢？我将在下一节中详细地说明。

美国人的投资组合

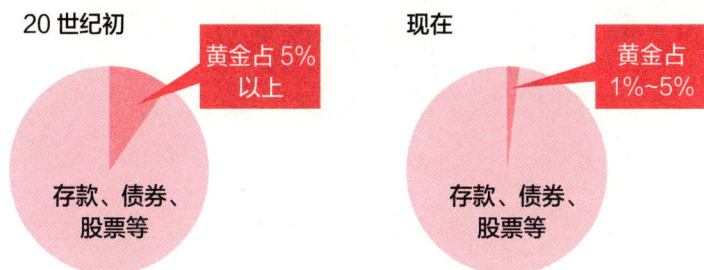

20世纪初

黄金占5%以上

存款、债券、
股票等

现在

黄金占
1%～5%

存款、债券、
股票等

总结

黄金的价值在5000年前就得到世人的认可，
今后其作为资产的价值也不会发生改变。

43

通胀时黄金是最保险的资产

Gold is insurance against inflation

日本在过去 30 年来物价几乎没有上涨，这在全世界范围内都是极为特殊的情况。

我现在 35 岁，我在 10 岁之前都是在日本度过的。

我记得小时候去便利店买点心，价格和现在的价格几乎是一样的。矿泉水的价格也没有变化。

所以生活在日本的人可能已经忘记了物价上涨这回事，恐怕也很难想象"消费者价格指数上涨会发生什么"吧。但从下图可以看出，日本也从 20 世纪 70 年代开始，在不到 15 年的时间里物价上涨了 3 倍。

物价飞速上涨的时期

2015 年 =100

汽油价格飙升 至 3 倍	
面包的价格也 上涨至 3 倍	

— 面包
— 汽油

130.0
97.5
65.0
32.5
0.0

1970　1973　1976　1979　1982　1985　1988　1991　1994　1997　2000　2003　2006　2009　2012　2015　2018

出处：总务省"消费者价格指数"

从历史的经验来看，消费者价格指数是迟早都会上升的。到了那个时候，最安心且保险的投资商品就是黄金。因为只要物价上涨，黄金的价格也会随之上涨。

在爆发金融危机的时候，股票、债券、不动产、其他商品，所有的价格都会下跌。但黄金凭借其特有的价值优势，能够有效地阻止价格大幅下跌。所以投资黄金的风险最低。

绝大多数发达国家的中央银行都会购买本国的国债，尤其日本银行购买的日本国债累计超过总量的 50%，可以说已经接近极限。如果没有人继续购买国债，那么国债的价格有可能出现暴跌的风险。因此，应该持有一些黄金来尽可能地规避风险。

雷曼事件爆发时的黄金价格变化（2006—2012年/月K线图）

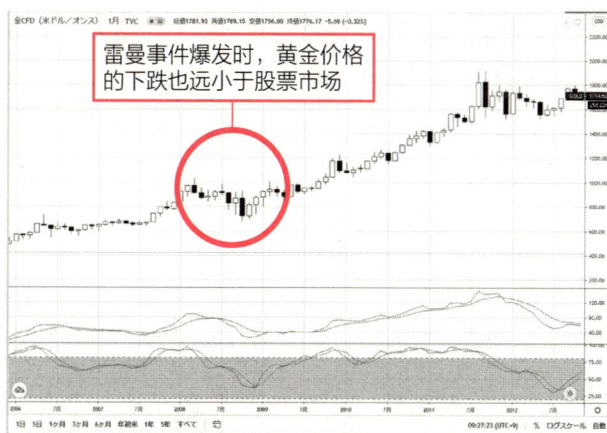

雷曼事件爆发时，黄金价格的下跌也远小于股票市场

出处：TradingView https://jp.tradingview.com/

总结 即便遭遇像雷曼事件那样的金融危机，黄金的价格也不会暴跌。

44

了解黄金价格变动的原因
Understand what determines gold price movement

在观察黄金价格的时候，也要关注黄金价格与"美元"的联动。

美元、欧元、日元……这些都是各国政府和中央银行发行的纸币。而纸币的历史并不长。在此之前，世界上流通的都是用金和银制成的货币。纸币发展到今天，美元成为世界上规模最大的基准货币。

如果美元的供应量大，黄金的价格就会上涨。第二次世界大战之后，美元成为世界的基准货币，从那时起，美元的供应量与黄金的价格就一直存在着联动的关系。

供应美元的是美国的中央银行美联储（美国联邦储备银行）。

也就是说，**决定黄金价格的是美联储的纸币印刷量。**这是最关键的一点。因为美联储印了多少美元，会直接关系到黄金的价格。

关于世界各国的中央银行的贷款增加情况，可以通过许多数据进行确认，**其中最关键的就是美国的货币供应量与黄金价格之间的关系。**

下页图是黄金价格与美元供应量之间关系的示意图。分子是黄金价格，分母是美元供应量。

从图中可以看出，当前黄金的价格与美元供应量相比处于历史低位。

对黄金有一些关注的人可能会说："黄金价格一直在上涨啊，怎么说现在是处于历史低位呢？"

黄金价格与美元供应量之间的关系（1968—2019年）

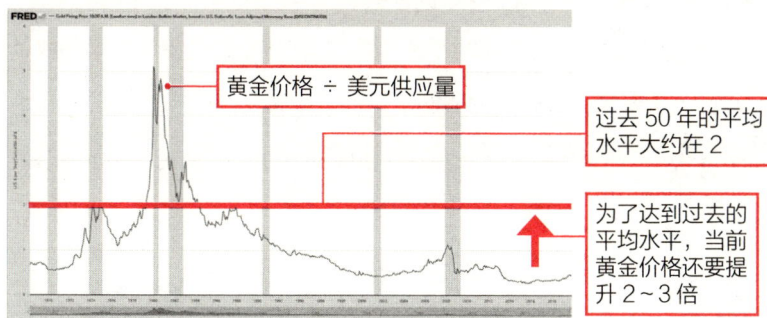

黄金价格 ÷ 美元供应量

过去 50 年的平均水平大约在 2

为了达到过去的平均水平，当前黄金价格还要提升 2~3 倍

出处：FRED Economic data

黄金价格的推移（2000—2020年7月/美元计价）

2000 年 1 盎司大约 290 美元

2020 年 7 月 1 盎司大约 1900 美元

黄金价格上涨了近 6 倍，为什么还说处于历史低位？

出处：TradingView https://jp.tradingview.com/

与 2000 年 1 盎司约为 290 美元相比，2020 年 7 月 1 盎司约为 1900 美元，黄金的价格上涨了近 6 倍。

但我之所以说"黄金价格处于历史低位"，是因为**美联储供应的美元数量过于庞大**。与黄金价格的上涨相比，美元的供应量增长了几十倍。所以从比率上来看，"当前的黄金价格非常低"。

总结 想把握黄金的价格，可以先确认美元的供应量。

45

黄金价格上涨 2～3 倍也不奇怪

Why gold price could double or triple

从黄金价格的推移来看，黄金价格在 20 世纪 80 年代达到高峰。因为当时全球出现了非常高的通货膨胀。黄金是现货资产，在物价上涨的情况下，黄金价格也会随之上涨。

在黄金价格上涨之前，美联储供应了大量的美元。结果导致通货膨胀，黄金的价格上涨。

从上一节中"黄金价格与美元供应量之间的关系"一图中可以看出，在过去 50 年间，黄金的价格与美元供应量之间的比率大约为"1比 2"，也就是说美元的数量大约为黄金价格的两倍。

从这个角度来考虑的话，如果美元供给量增加，黄金的价格也会随之上涨。

20世纪80年代黄金的价格

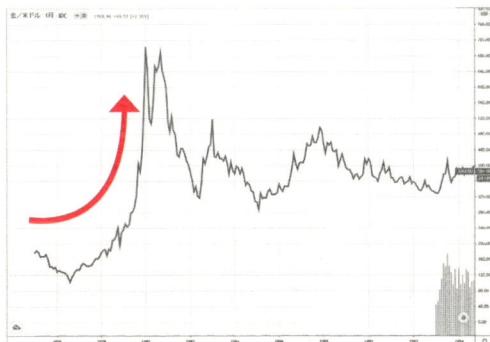

出处：TradingView https://jp.tradingview.com/

最近虽然黄金价格一直在上涨，但美元的供应量增长得更高。因此，黄金价格很有可能继续上涨到与美元供应量呈"1比2"的水平。具体来说，我认为**"黄金价格比现在上涨2~3倍也不奇怪"**。

那么，要想投资黄金，买什么好呢？**我最推荐的就是现货（金币或金条）**。买了之后请放在保险柜等安全的场所妥善保管。如果放在家里感觉不放心的话，也可以在银行租个保险柜保管。

黄金最好买现货

购买黄金现货，然后保管在保险柜里最安心！

总结 黄金的价格可能比现在上涨2~3倍，也就是大约1盎司5000美元。

46

如果不方便购买黄金现货，可以投资黄金 ETF

If difficult to buy physical gold, buy ETF Gold

虽然我在上一节中建议大家购买黄金现货，但购买黄金现货需要巨额资金，保管起来也需要成本。从投资应该循序渐进的角度来说，不直接购买黄金现货，购买"金融产品"也是明智的选择。

金融产品我最推荐的就是 ETF。黄金的 ETF 有很多，但正如前面提到的那样，**应该选择成交量和净资产总额比较大的 ETF。**因为如果成交量太小的话，少数投资者的行动可能会对其价格造成影响。

成交量比较大的 ETF 有**"IAU（iShares Gold Trust）"**和**"GLD（SPDR Gold Shares）"。**这两个 ETF 都在美国的纽约证券交易所上市，在日本的证券公司也能买到。

另一个**"GDX（VanEck Vectors Gold Miners ETF）"**则是投资矿山企业的 ETF。

此外还有一个叫作**"GDXJ（VanEck Vectors Junior Gold Miners ETF）"**的 ETF。J 是 junior 的意思，也就是投资比 GDX 规模更小的贵金属企业。与"GDX"相比，"GDXJ"的价格还很低，有很大的上升空间，这一点很有魅力，但同时其价格波动也比较大，所以风险也很高。

如果不喜欢价格波动大的，就买"IAU"和"GLD"。但从图表上来看，目前这两种 ETF 的价格都已经接近 2012 年的历史最高值，已经和黄金现货的价格相当。

另一方面，"GDX"和"GDXJ"则还未达到 2012 年的历史最高值，所以抗风险能力比较强的人这两种 ETF 可以少买一些。

我推荐"投资商品多样化"。**"黄金现货""IAU 和 GLD""GDX 和 GDXJ"这 3 种都各买一些，买入后就长期持有。**

价格没必要频繁关注，一个月看一次就行。

推荐的黄金ETF

代码	名称	经费率
IAU	iShares Gold Trust	0.25%
GLD	SPDR Gold Shares	0.40%
GDX	VanEck Vectors Gold Miners ETF	0.52%
GDXJ	VanEck Vectors Junior Gold Miners ETF	0.53%

出处：乐天证券 2020 年 7 月 6 日

在 2020 年 7 月上旬时间点上，黄金的价格为每盎司 1900 美元左右，我认为黄金价格将会上涨到 5000 美元。

但什么时候能涨到这么多我无法判断，可能是 5 年之后，也可能是 30 年之后。总之一定会比现在的价格高出 2~3 倍。

不管怎样，黄金都是非常有魅力的投资资产之一。不管是投资的初学者还是专家，我都建议投资一些黄金。

总结

黄金 ETF 选择"成交量"和"净资产总额"比较高的，多样化投资并长期持有。

47

除了黄金之外，还应该在投资组合中加入"铂金"

Don't only invest in gold, also invest in Platinum

在日本，人们普遍认为"铂金 = 首饰"，将铂金看作投资商品的人少之又少。

但铂金其实是非常优秀的投资商品。如果想要成为有钱人，就应该在投资组合中加入铂金。

开采铂金的成本极高。因为铂金只存在于地下 1000 米以下的区域，几乎无法依靠人工来进行开采。而用机械开采不但成本高，难度也非常大。

铂金直到 18 世纪才受到世人的关注。人类使用黄金有约 5000 年的历史，使用白银也有数千年的历史，与之相比，人类使用铂金的历史还不到 500 年，因此铂金可以说是**历史非常短的贵金属**。

铂是化学元素之一，和金、银一样，都是比较稀缺的高级元素。铂金的储量和黄金差不多，全世界约 80% 的铂金储量都在南非。因此，铂金的稀缺性和黄金基本相同。

从铂金的图表上来看，其价格在 2008 年迎来了高峰，但在雷曼事件之后急剧下降了 80%，后来逐渐恢复。到 2011 年又迎来高峰，随后一直处于下降趋势。从最近的价格变化来看，受新冠肺炎疫情影响股价下跌的时候，铂金的价格同样下跌。

我关注的点是**成交量增加的时机**。最近铂金价格下跌时的成交量比价格上涨时的成交量更大，这说明想购买铂金的人比想卖出铂金的人更多，可以说是一个比较好的信号。

铂金的价格推移（2007—2020年）

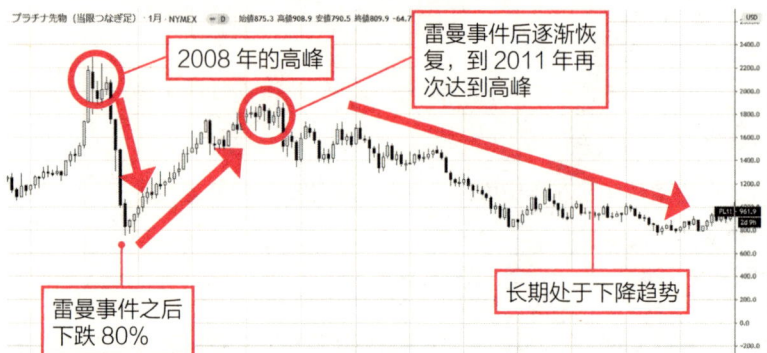

图中标注：
- 2008 年的高峰
- 雷曼事件后逐渐恢复，到 2011 年再次达到高峰
- 雷曼事件之后下跌 80%
- 长期处于下降趋势

出处：TradingView https://jp.tradingview.com/

最近（2020年2月下旬—6月末）的铂金价格推移

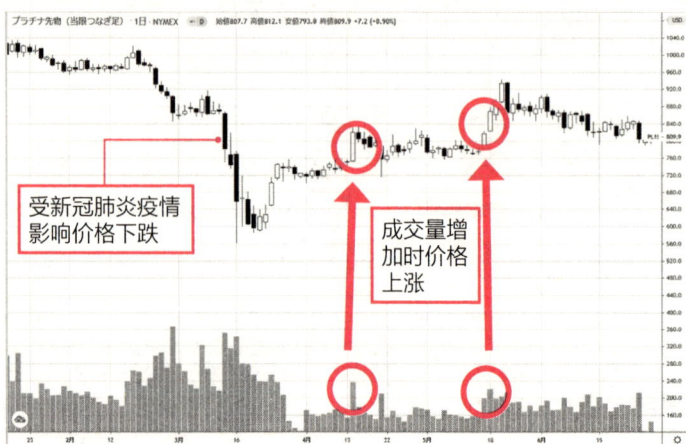

图中标注：
- 受新冠肺炎疫情影响价格下跌
- 成交量增加时价格上涨

出处：TradingView https://jp.tradingview.com/

总结 投资铂金时要关注成交量增加的时间点。

48

投资专家关注"黄金与铂金的价格比率"

Professionals look at the ratio between platinum and gold

在对铂金的价格进行分析时，最好的方法就是"与其他贵金属进行比较"。贵金属分为金、银、铂金及其他。这些贵金属的价格往往会出现联动的趋势。

最近金和银的价格，已经从新冠肺炎疫情导致的下跌趋势中逐渐恢复。因此可以预计，"铂金也能够在不远的将来恢复到新冠肺炎疫情之前的价格"。

有些投资专家会关注黄金与铂金的价格比率。

比如，黄金与铂金的价格比率在新冠肺炎疫情之前为1∶0.65，但在新冠肺炎疫情之后，由于铂金的价格下跌，这个比率变成了1∶0.4。也就是说，现在铂金的价格还不到黄金价格的一半。

黄金与铂金的价格比率（2019年12月—2020年6月）

新冠肺炎疫情之前黄金与铂金的价格比率为1∶0.65

新冠肺炎疫情之后铂金的价格下跌，黄金与铂金的价格比率为1∶0.4

出处：TradingView https://jp.tradingview.com/

从长期的图表来看，过去 30 年间黄金与铂金的价格比率平均在 1:1.1 的程度。但现在铂金的价格只有黄金的一半左右，因此可以说铂金的价格处于历史低位，未来很有可能重新回复到和黄金价格持平的程度。

投资铂金的话，我也推荐购买 ETF。

比如，"PPLT（Aberdeen Standard Physical Platinum Shares ETF）"就是不错的选择。但因为这个 ETF 的成交量比较小，所以最好每个月少买一点。投资铂金之后就要长期持有，**直到与黄金的价格比率恢复到 0.7～1 的程度才考虑卖出。**

如果是经验丰富的投资者，也可以尝试做短线。短期交易可以利用现货来进行买卖，然后每个月少量购买 ETF 作为长期投资。

虽然也有可以利用杠杆进行铂金交易的"CFD"（金融衍生产品，一种场外交易工具，不需要实际购买相关证券），但因为与现货相比手续费更高，所以我并不推荐。

铂金ETF PPLT的图表（2019年12月—2020年6月）

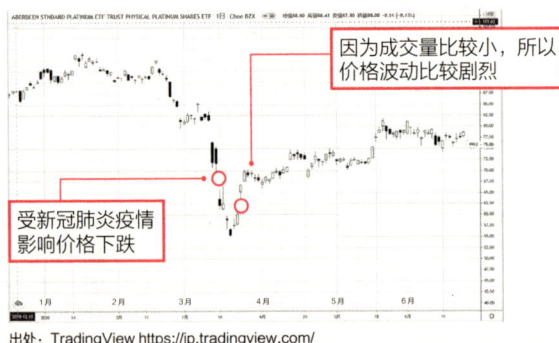

出处：TradingView https://jp.tradingview.com/

总结 铂金的价格很有可能上升到与黄金比率为 1:1 的程度。

49

了解白银的需求与供给
Understand the demand and supply of silver

与黄金和铂金相比，**白银的价格波动非常剧烈，但今后的升值潜力同样巨大。**可以说白银是非常适合长期投资的商品。

白银与黄金一样，早在几千年前就被人类使用。4 世纪就出现了用白银制作的硬币，公元前 15 世纪的埃及也开始使用白银。历史上甚至**有一段时间白银的价格比黄金更高。**但现在黄金的价格几乎是白银的 100 倍。

根据收集全世界白银数据的"Silver Institute"公开的数据来看，全世界白银供给的 80% 来自矿山，大约 15% 来自回收再利用。从需求来看，相机相关产业对白银的消耗最大，约占 30%。电子产品和珠宝加工也使用白银。此外，还有 20% 的白银被用于投资。

值得注意的是，**白银的用途很广**，而黄金则基本上都被用于投资，这一点是白银和黄金最大的区别。

请大家看下页的图表，这是被称为**"黄金白银比率"**的图表，表示"黄金价格是白银价格的几倍"。现在的黄金白银比率大约为 95 倍。

从过去 20 年来看，这已经是最大的比率。对于想要投资白银的人来说，当看到这个图表的数字大于 80 的时候就可以购买了。

因为从过去来看，**黄金的价格从未超过白银价格的 80 倍。**2003 年、2008 年、2016 年，黄金价格都达到了接近白银价格 80 倍的高值，但随后倍率就开始下降。也就是说，现在白银的价格很有可能回升。

在新冠肺炎疫情之前，黄金白银比率就超过了 80，所以可能有人已经进行了投资，而在新冠肺炎疫情之后，这个比率又进一步提升。因为疫情对黄金的价格影响不大，却使白银的价格大幅下跌。

因为之前黄金白银比率从未超过 80 倍的阻力线，而现在已经大幅超过，所以现在是购买白银的绝佳时机。

黄金白银比率的推移

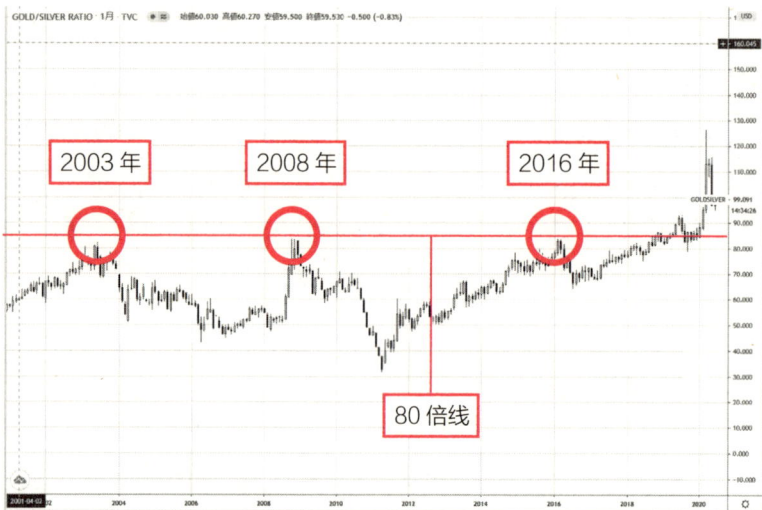

※ 曲线上升说明买黄金的人多，下降说明买白银的人多。
出处：TradingView https://jp.tradingview.com/

总结 要想把握购买白银的最佳时机，可以参考"黄金白银比率"。

50

白银价格会上涨一倍的理由
Why silver price will double

在黄金价格出现极端波动的时候，可能很多人会选择及时止损。

比如，投资白银的人本以为"黄金白银比率超过 80 的可能性很低"而购买了白银，但实际上这个比率远远超过 80，于是在这些投资者之中可能会出现"卖掉白银转而购买黄金"的人。

由于在这种情况下很多投资者都会遭受损失，所以也可以看作**是入场投资的好时机。**因为竞争对手变少了。

我认为白银的价格今后将会上涨至少一倍。因为**即便黄金的价格不再上涨，而黄金白银比率恢复到过去 100 年间的历史平均水平 50，那么白银的价格也会上涨一倍。**

同时，我认为黄金的价格可能会上涨到 5000 美元。理由我在前面已经提到了，因为美元的供应量非常大。从历史的角度来看，每当美元总量增加，黄金的价格就会随之上涨。

假设黄金价格上涨到 5000 美元，黄金白银比率恢复到 50 的程度，那么白银的价格将会暴涨。

在黄金 5000 美元时，白银的价格将达到 100 美元，是现在价格的 5 倍。是否能够上涨这么多我不敢说，但上涨一倍应该是没问题的。

白银与黄金的价格关系

<table>
<tr><td>现在</td><td>黄金价格达到 5000 美元，黄金白银比
恢复到 50 的程度……</td></tr>
<tr><td>黄金价格　1800 美元
🔺 大约95倍
白银价格　18.5 美元</td><td>黄金价格　5000 美元
🔺 大约50倍
白银价格　100 美元</td></tr>
</table>

那么，投资白银应该怎么做才好呢？

我推荐直接购买现货银条。

与黄金相比，白银的价格波动比较剧烈。

尤其是下跌的时候，白银比黄金下跌的幅度要大得多，所以对风险感到担心的人可以选择购买银币。

如果觉得银币的价格也太高不方便购买，可以选择购买 ETF。我推荐"SLV（iShares Silver Trust）"。

推荐理由和黄金的 ETF 一样，成交量大且净资产总额高。从历史的角度来看，这个 ETF 与白银的价格有联动，手续费也不高。因为净资产总额很大，所以就算有大量投资的资金流入也难以操控价格。

还可以投资银矿企业的股票。当然如果投资个别的企业，可能会出现意想不到的风险。因为企业的决策、管理层变动等都可能对股价产生影响。

但风险也不一定就是坏事，正所谓高风险才有高回报，只要能够利用其他商品保持平衡，也有一定的投资价值。

因此，**投资白银时购买"现货（银条、银币）""ETF""矿山企业股票"实现投资多样化是最理想的。**分散投资的同时每个月少买一点，坚持 5～30 年。

总结　最好通过银币、ETF、矿山企业股票等进行分散投资，并且循序渐进地购买。

51

解读比特币交易的趋势
Understand the trend of Bitcoin

　　最近几乎没有人提起比特币的事了。但在投资领域有一个原则，那就是"大家越关注的东西，投资风险越大"。反之，**没有人关注的时候，正是投资的好时机。**

　　投资领域的竞争非常激烈。基本上是有人赚钱就有人赔钱的零和博弈。**越是受关注的东西，竞争就越激烈。**作为一名投资者，务必时刻牢记这一点。

　　从比特币的历史来看，价格的最高点是在 2017 年 12 月，接近 2 万美元，然后就持续下跌，现在不到 3000 美元。

　　从过去的 MACD 来看，2017 年出现了死亡交叉（短期的移动平均线从长期的移动平均线上方向下穿过），这是"卖出"的信号。2019 年也出现了死亡交叉，也是"卖出"的信号。

　　反之，现在则出现了黄金交叉（短期的移动平均线从长期的移动平均线下方向上穿过），这是"买入"的信号，而且两条曲线都在上升。

　　我以前进行过包括比特币在内的加密货币交易，但现在已经不投资了。虽然比特币出现的时间较短，很难根据历史数据进行分析，但持有一部分比特币作为资产也是有价值的。

　　如今世界各国政府都背负着巨额的债务。在这种情况下，持有一些政府以外的货币用来对冲风险是不错的选择。

　　如果你打算用 30% 的资产来投资商品，那我建议 15% 购买黄金、

5% 购买白银、5% 购买铂金、5% 购买比特币。当然，最终还是要由你自己来做出决定。

比特币的图表（2017年7月—2020年6月/周K线图）

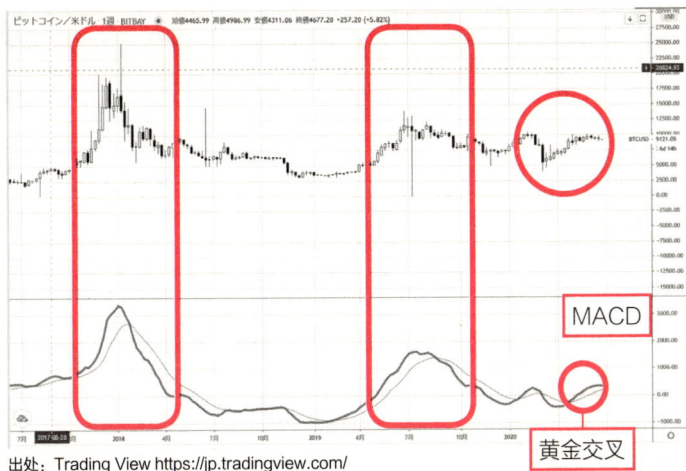

MACD

黄金交叉

出处：Trading View https://jp.tradingview.com/

商品部分的投资组合示例

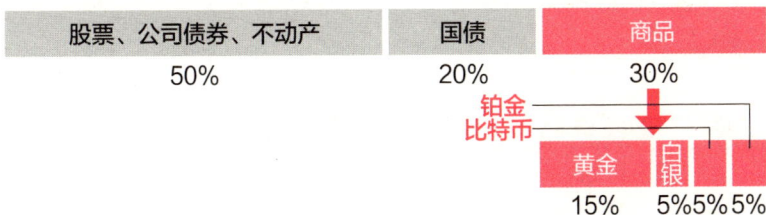

股票、公司债券、不动产	国债	商品
50%	20%	30%

铂金
比特币

黄金	白银		
15%	5%	5%	5%

总结 在各国债务膨胀的情况下，用 5% 的资产购买比特币有一定的意义。

119

52

把握投资原油的时机

Find the opportunity to invest in Oil

在新冠肺炎疫情期间，2020 年 4 月下旬现货原油的价格一度成为负数。随后原油价格一直维持在较低的水平线上，可能有人认为"现在是投资的好时机"，但我认为现在**仍然十分危险**。虽然可以不直接投资原油，而是购买石油相关企业的股票，但我认为这也存在风险。

首先请看原油的现货图表。

从日 K 线图上来看，原油的价格负数只维持了一天。在 4 月 20 日这一天，原油的价格有几个小时为负数。这起重大事件也得到了全世界媒体的报道。

现货交易有期间限制，被称为**"合同履行月"**。比如，在 5 月为合同履行月的情况下，就必须在 5 月末之前完成交易。想继续投资原油的人，就必须找机会将合同履行月为 5 月的原油更换为合同履行月为 6 月的原油。

原油现货的图表（2020年1—6月/日K线图）

价格为零的线

4 月 20 日，价格一度下跌到负 40 美元

出处：TradingView https://jp.tradingview.com/

一般来说，与即将到期的现货相比，期限比较长的现货的价格更高，所以更换会发生一些损失。再加上当时原油的价格持续下跌，投资者都想尽可能地进行更换。因为急于更换的投资者太多，而且都在最后的时间点上一口气卖出，导致价格一度下跌到负数。

与价格上涨时相比，投资商品在价格下跌时的波动率更高。原油也一样，当价格跌为负数时的波动率非常大。

从波动率的图表上来看，3月9日的波动率大幅上升。这是因为"沙特阿拉伯和俄罗斯宣布取消对原油的供应限制"，所以导致原油价格下跌。价格是由供需关系决定的，产油国为了维持原油价格，会对供给加以限制。但当产油国取消限制时，原油的价格就会下跌。这自然会导致波动率上升。

原油的波动率图表（日K线图）

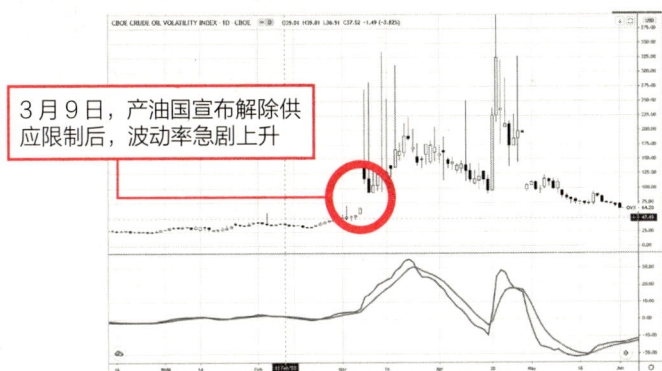

3月9日，产油国宣布解除供应限制后，波动率急剧上升

出处：TradingView https://jp.tradingview.com/

总结

在波动率上升的时候要特别注意。

53

了解原油价格和美元之间的关系

Understand the relationship between Oil and US Dollar

不仅原油，黄金、白银、农作物等商品几乎都是用美元进行计价。虽然世界上也有一些国家自己建立交易所，用本国货币进行交易，但全世界绝大多数的交易都是用美元计价的。因此，**在投资商品的时候，观察美元的动向非常关键。**

从长期的经验来看，美元和商品之间存在逆向关系。具体来说，**当美元上涨的时候商品价格就会下跌，而美元下跌的时候商品价格就会上涨。** 尽管这个规律并不是每次都准确，但确实存在这样一种趋势。

当美元处于下跌趋势时，就是投资商品的有利时机。因为美元下跌往往意味着通货膨胀、物价上涨，因此原油和农作物等商品的价格也会上涨。

在这个时候需要确认一个叫作"DXY"的指数。这是表示"世界主要货币兑美元的汇率"的指数，是基于日元、欧元、瑞士法郎、英镑、瑞典克朗与美元的汇率计算出来的指数。

此外，美元兑日元、欧元兑美元等发达国家货币之间的汇率，也和DXY呈现出同样的变动趋势。从这个意义上来说，DXY是非常重要的指数。

在观察原油价格时，DXY也非常重要。

比如，在2020年3月中旬DXY指数开始上涨时，原油的价格就开始下跌。

虽然导致原油价格下跌的原因有很多，但在美元上涨时，原油价格确实存在下跌的趋势。不仅如此，在这个时候股票市场也会出现暴跌的趋势。而且全世界范围内都会出现美元供应不足的情况。

　　因为全世界流通的基准货币大约六成都是美元，所以**当美元不足时就会出现原油价格下跌，DXY 上涨的趋势**。

DXY（美元指数）的推移

原油价格的推移

在绝大多数情况下，美元指数上涨时原油价格就会下跌

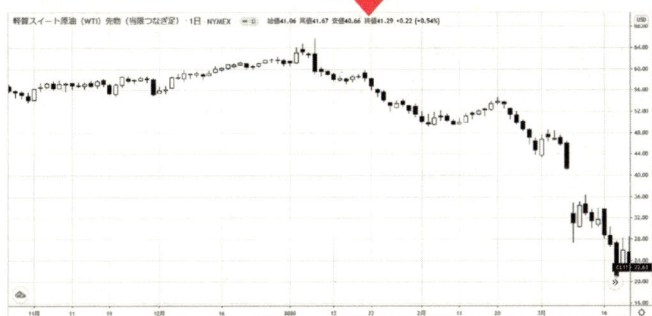

出处：TradingView https://jp.tradingview.com/

总结 DXY 下跌原油价格就上涨，DXY上涨原油价格就下跌。

123

自杀是 10 ～ 19 岁人群死亡的最大原因

日本社会最令人遗憾的事情之一就是居高不下的自杀率。根据 OECD（经济合作与发展组织）的数据，日本的自杀率在过去 20 年间一直保持在世界第 2～3 位。

我之前完全没想到日本的自杀率竟然这么高，甚至成为社会问题。

更令人惊讶的是，2018 年的数据表明，日本 15～34 岁人群死亡的原因，排在第一的是自杀。

从 2017 年的数据来看，10～19 岁人群死亡的原因，排在第一的也是自杀。这个年龄段的孩子竟然选择自杀，毫无疑问，这是非常严重的社会问题。

对这种现状，绝对不能袖手旁观。

根据我对过去数据的调查，在日本经济恶化的时候，比如，泡沫经济破灭的 20 世纪 90 年代，日本的自杀率就非常高，当时甚至达到了世界第一位。

自杀的理由大都是"失败"。我在回到日本之后，也感到日本"不能失败"的文化给人造成极大的压力。

我认为"失败"并不可怕。**如果有人对你说"绝对不能失败"，千万不要相信**。失败乃成功之母，只有不断地从失败中总结经验，才能建立起真正强大的社会。

不动产

全世界的有钱人大都会投资"不动产"。最大的原因就是不动产非常保值，而且可以用来抵押融资。日本也有越来越多的人开始投资不动产，投资不动产今后可能会成为资产积累的重要手段。

54

投资不动产不需要频繁地关注价格

Real Estate is beneficial as you don't need to frequently watch the price

我个人比较喜欢投资不动产和贵金属。在不动产领域有很多投资专家，但我的投资方法和其他投资者的不同之处在于，我会在许多不同的国家购买不动产。

我在美国进行过许多次投资，也在马来西亚、越南、印度尼西亚进行过投资。虽然我没有在新加坡投资不动产，但我在那里生活了 4 年，所以对当地的状况也有大致的了解，还委托了朋友帮忙收集信息。

全世界的有钱人都会积极地投资不动产。有钱人喜欢不动产的原因之一就在于**不需要频繁地关注价格。**

股票和债券有时候价格波动非常频繁，所以会使人感到压力重重。我在对冲基金公司工作的时候，甚至和客户打电话一直到凌晨两三点。我最常听到的问题就是"价格为什么又变了"。所有人都对价格非常敏感。

虽然不动产的价格也会波动，但不需要时刻关注。

而且**土地价格不管再怎么下跌也不可能变成零。**其他金融商品的价格不但可能变成零，甚至可能变成负数。

还有一点就是通过利用金融机构的融资，可以只用很少的资金就能购买到不动产。

我第一次在美国康涅狄格州购买的不动产是一个拥有 5 间卧室的独栋住宅，然后我将这栋房子租给了旁边的大学生。因为我购买的时候价格很低，所以这项投资非常划算。

关于我为什么能够以很低的价格买到这栋房屋，我将在下一节中进行详细说明。

股票市场与不动产市场的区别

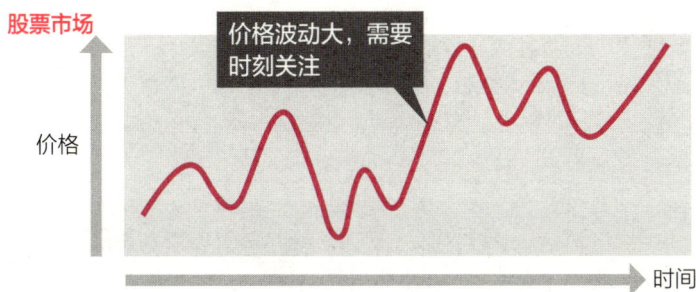

股票市场

价格波动大，需要时刻关注

价格

时间

不动产市场

价格波动小，不需要时刻关注

价格

时间

总结 即便土地价格下跌，也不可能变为零，所以风险较低。

55

不动产是安全且高回报的投资

Real Estate can be safe with high returns

我开始投资不动产是在 2010 年（24 岁）。我从 19 岁开始就在华尔街实习，21 岁正式入职，但很快就遭遇了雷曼事件。

当时我读了好几本书，对投资不动产产生了兴趣。

因为我从书中发现，那些**成功积累起巨额财富的人，大都会从银行贷款投资不动产。**

但当时因为我刚参加工作，手里的资金很少，所以无法立即投资不动产。

我一边攒钱一边寻找机会，2009 年股票市场跌入谷底，我更加关注不动产市场。

有一个比我大 5 岁的前辈，他是拥有 5～10 个不动产的投资专家，于是我向他寻求建议。他给我看了他持有的不动产，并且告诉我能够获得很高的房租收益。

他的不动产位于纽约附近的康涅狄格州，距离纽约坐车大约需要 50 分钟。

我对投资的第一个不动产至今记忆犹新。我很幸运地在市场价格接近谷底的时候买入，而**这套不动产的价格在三五年后就上涨了 50%。**

因为我是贷款购买的，所以实际投资的金额很少。即便如此，我投资的资金在三五年间也增加了 3 倍。

最初的不动产投资

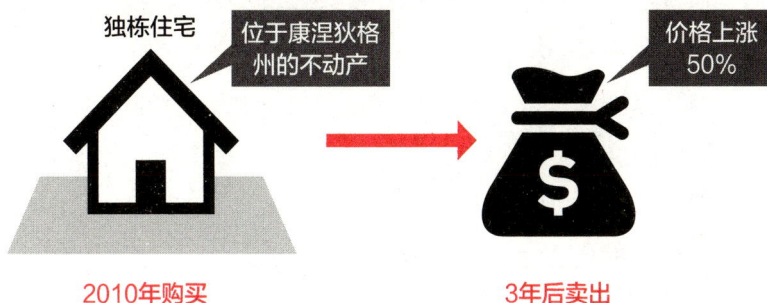

独栋住宅
位于康涅狄格州的不动产

价格上涨50%

2010年购买

3年后卖出

我当时不由得感叹：

"这么简单就能使资金增长 3 倍，而且安全性也很高。"

独栋住宅附带土地，而且出租的话大约能够获得相当于投资金额 12% 的收益，这绝对是一笔非常优秀的投资。

后来我又前往越南、印度尼西亚、马来西亚等东南亚国家开始投资不动产。

我虽然拥有日本国籍，但我在日本还没有投资不动产。今后如果有机会的话，我打算在日本也投资一些不动产。

总结
成功积累起巨额财富的人，大都会从银行贷款投资不动产。

56

"独栋住宅"是最佳的投资对象

My recommendation is Real Estate that includes Land

投资不动产大致可以分为两个领域，一个是住宅，另一个是商业设施。虽然其他还有许多分类，但最有代表性的就是这两个。

住宅又可以细分为公寓、洋房、独栋住宅。商业设施可以细分为写字楼、物流仓库、工厂、酒店等。

不动产投资的分类

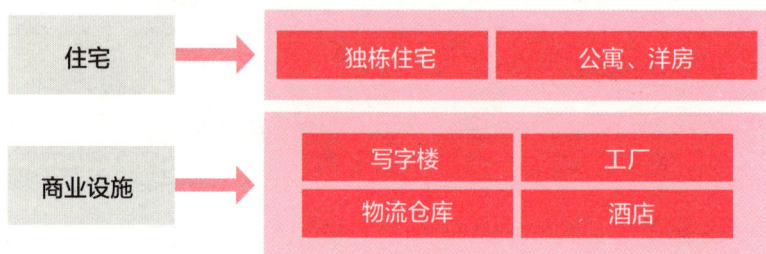

住宅 →	独栋住宅	公寓、洋房

商业设施 →	写字楼	工厂
	物流仓库	酒店

根据我自己总结出的经验，**商业设施很容易受经济环境的影响**。在经济不景气的时候，商业设施的价格也会下跌，尤其是零售商店、工厂、酒店，最容易受影响。

住宅的话，公寓和洋房与独栋住宅相比，每一户的土地面积非常小。

可能有人不知道应该投资独栋住宅好还是投资公寓好，但从投资的角度来说，**独栋住宅是最佳的选择**，这一点可以说是全世界的普遍认知。因为独栋住宅附带的土地面积更大。

公寓只有很少的土地所有权。即便当前土地的价格出现了下跌，但与 10 年、20 年前相比还是升值了的。所以投资不动产时应该选择土地面积更大的独栋住宅。

此外，选择独栋住宅还有一个好处，那就是供需关系的问题。在同样面积的土地上，独栋住宅的户数是有限的，但公寓就不一样了。

只要增加层数，在同样面积的土地上可以增加更多的公寓。而供给增加势必会导致价格难以上涨。从这一点上来说，投资不动产时也是选择独栋住宅更有好处。

不动产的供需特征

独栋住宅

独栋住宅附带土地，所以供给很难增加

公寓和洋房附带的土地与独栋住宅相比要小很多，所以供给更容易增加

总结 土地的供给很难增加，所以土地面积更大的独栋住宅更安全。

57

股票市场跌入谷底的 2 年后，
不动产市场也会发生震动

Real Estate moves with a 2 year lag to the Stock Market

美国有许多数据库可以查看，我最常用的数据库是"FRED"的数据。

在美国，有 12 家联邦储备银行，相当于作为中央银行美联储的分行。其中圣路易斯联邦储备银行负责运营的经济统计数据网站就是"FRED"。

从 FRED 公布的美国住宅平均价格数据来看，2008 年爆发的雷曼事件导致的经济衰退持续到了 2009 年。

随后，从 2011 年年末到 2012 年年初，美国的住宅价格也开始下跌。

当时的股票市场在 2009 年 3 月跌至谷底。也就是说，股票市场跌至谷底与不动产价格跌至谷底之间大约有两年半的时间延迟。这一点非常耐人寻味。

FRED的美国住宅平均价格指数

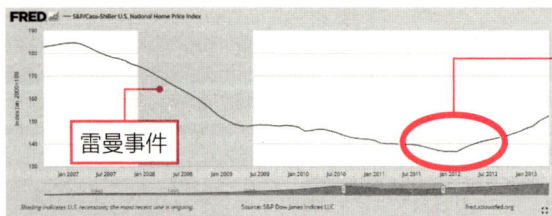

雷曼事件

2011 年年末到
2012 年年初跌
至谷底

雷曼事件前后的纽约道琼斯股票指数的推移

雷曼事件使股票市场在 2009 年 3 月跌至谷底

出处：TradingView https://jp.tradingview.com/

再来看日本的情况。日本的住宅价格在 2013 年跌至谷底，然后从 2014 年开始逐渐回升。同一时期的日经平均股价是在 2012 年年末开始回升。也就是说，在日本也有 1～2 年的延迟。

由此可见，**不动产市场的波动通常会比股票市场有一些延迟**。虽然也有在同一时期发生波动的情况，但从近年来的情况来看，不管是美国、欧洲还是日本，不动产价格的上涨都是在股票市场上涨大约 2 年后才开始的。

日本的住宅价格指数

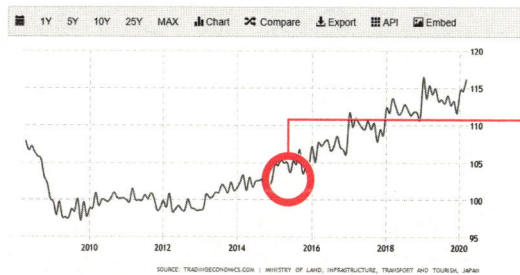

2014 年开始逐渐上涨

出处：tradingeconomics.com

133

安倍经济学前后日经平均股价的变动

2012 年年末开始股票市场逐渐上涨

出处：Trading View https://jp.tradingview.com/

注：安倍经济学是指日本第 96 任首相安倍晋三 2012 年年底上台后加速实施的一系列刺激经济政策，最值得注目的是宽松货币政策。

总结 在美国和日本，不动产市场的波动通常会比股票市场有一些延迟。

58

投资不动产时必须关注的
3 个经济指标

3 Important Economic indicators for Real Estate

美国的不动产市场规模位列世界第一。因为美国的资本动向也会对世界产生影响，在分析美国的不动产市场时，需要特别关注以下 3 个重要指标。

① NAHB Housing Market Index（全美住宅建造商协会住宅市场指数）

② Existing home sales（成屋销售指数）

③ New Home Sales（新屋销售指数）

首先看① NAHB Housing Market Index，这个指数在 2011 年跌至谷底。而纽约道琼斯指数大约在 2 年前的 2009 年 3 月跌至谷底。

也就是说，这也从另一个侧面证明了**"股票市场出现波动后，不动产市场也会随之波动"**。

美国全美住宅建造商协会住宅市场指数

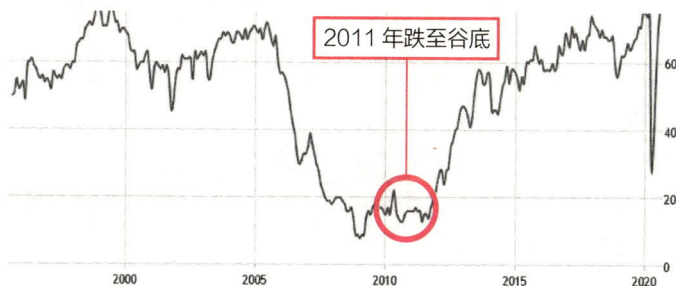

2011 年跌至谷底

出处：tradingeconomics.com

135

再来看② Existing home sales，这个指数也下降到了和雷曼事件时相同的程度。

然后是③ New Home Sales。在不动产领域，新屋和成屋的重要度存在着很大的差异，因此价格和市场也完全不同。

新屋的价格与经济状况紧密相连，因此价格的波动率也非常高。 而成屋则受供需关系影响，与新屋相比受经济状况的影响并不大。

一般情况下，在不动产市场的上涨趋势结束的时候，新屋供给会急速增长。

近年来公寓的供给量急速增加。我投资的越南房地产市场就出现了这种趋势，我感觉比较危险，所以在买入一年后就卖掉了。

新屋销售指数和成屋销售指数的数据每个月都会公布。

美国成屋销售指数

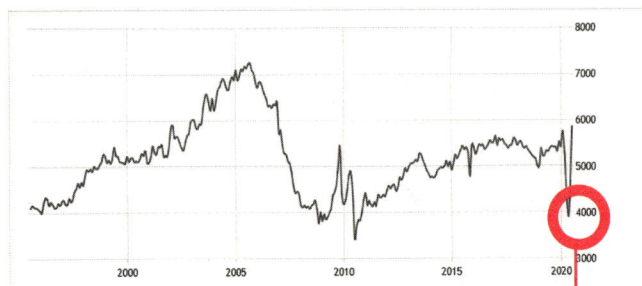

下降到与雷曼事件时相同程度

出处：tradingeconomics.com

美国新屋销售指数

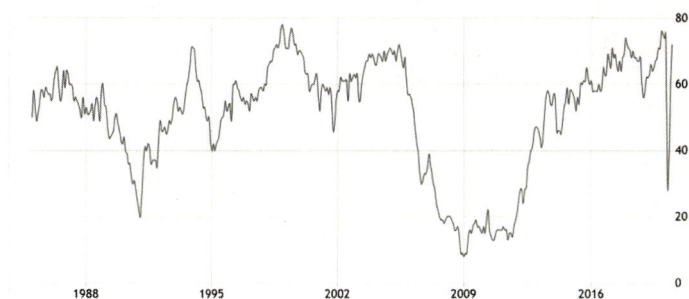

出处：tradingeconomics.com

总 结 不动产市场的上涨趋势结束的时候，
新屋供给会急速增长。

59

新冠肺炎疫情后是投资不动产的良机

There may be a chance to Invest in Real Estate after the Coronavirus Shock

在投资不动产的时候，应该如何分析不动产市场与股票市场之间的延迟呢？这个问题其实并不难，只要看一看股票市场与住宅价格的图表就能找到答案。

当股票市场因为新冠肺炎疫情跌至谷底并触底反弹的时候，或许就是投资不动产的良机。

股票市场与不动产市场的关系

	股票市场谷底		不动产市场谷底
美国 （雷曼事件）	2009 年	两年半 ➡	2011—2012 年
欧洲 （欧洲金融危机）	2012 年	约 2 年 ➡	2014 年
日本 （雷曼事件）	2012 年	1~2 年 ➡	2013—2014 年

如果想要投资不动产，一定要等到股票市场跌至谷底，并且真正进入上升趋势之后。

不管是不动产、股票、债券还是商品，所有的市场趋势都是由参与者的情绪和期待决定的。因此，我认为现在是投资者期待值比较高的时期。

根据我的预测，因为很多人都在雷曼事件时通过投资不动产获得了巨额的收益，所以他们这次应该会更早地采取行动。也就是说，**这次可能不会像过去那样出现两年左右的延迟。**

尽管我们无法判断股票市场究竟何时会跌至谷底，但 IMF（国际货币基金组织）对全世界的 GDP 增长情况做出了最坏的预测。如果今后股票市场的谷底来得比预想的时间更早，那么就应该从现在开始收集信息。

购买不动产需要花费一些时间。首先要寻找地理位置优秀的不动产，然后还要前往当地进行交涉。即便从现在开始准备，也需要半年左右的时间。所以请一边寻找合适的目标，一边学习相关的知识并进行实践吧！

雷曼事件与新冠肺炎疫情的差异

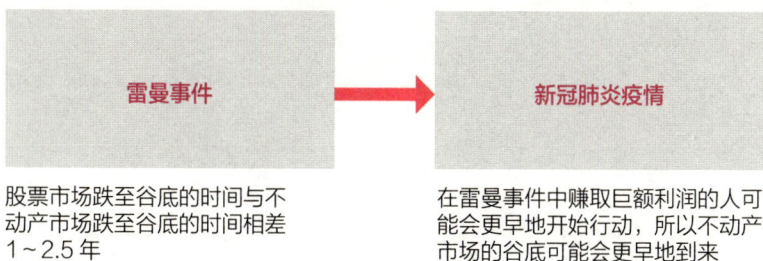

| 雷曼事件 | → | 新冠肺炎疫情 |

股票市场跌至谷底的时间与不动产市场跌至谷底的时间相差 1~2.5 年

在雷曼事件中赚取巨额利润的人可能会更早地开始行动，所以不动产市场的谷底可能会更早地到来

总结　要想把握投资不动产的时机，最好现在就开始收集信息。

60

为什么未来是购买日本不动产的好时机

Why Japanese Real Estate is a good opportunity

虽然我还没有在日本投资不动产的经验，但这两年我一直关注日本的数据。根据国土交通省公布的不动产价格指数可以看出，从 2010 年到 2020 年这 10 年间不动产的价格上涨了多少。

公寓的价格上涨了 50% 左右，独栋住宅则几乎没有涨价。除了东京地区房地产市场的价格波动比较剧烈之外，其他地区的价格几乎没有变化，甚至有的地区还出现了下降的趋势，从全国范围来看，也没有出现像公寓这样的上涨趋势。

日本的不动产价格指数（住宅）

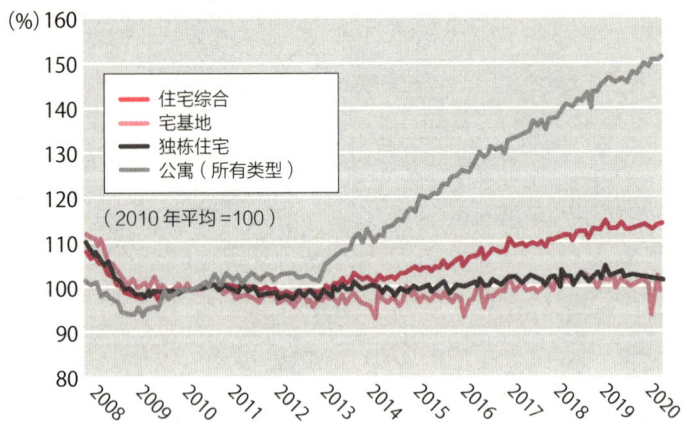

(%)160

150
140
130
120
110
100
90
80

住宅综合
宅基地
独栋住宅
公寓（所有类型）

（2010 年平均 =100）

2008 2009 2010 2011 2012 2013 2014 2015 2016 2017 2018 2019 2020

参考：国土交通省

另一个值得关注的指数是"不动研住宅价格指数"。这个指数只包括东京地区，从图表上可以看出，整个首都圈只有东京的上涨最明显，其他地区几乎没有上涨。

不动研住宅价格指数的推移（2000年1月=100）

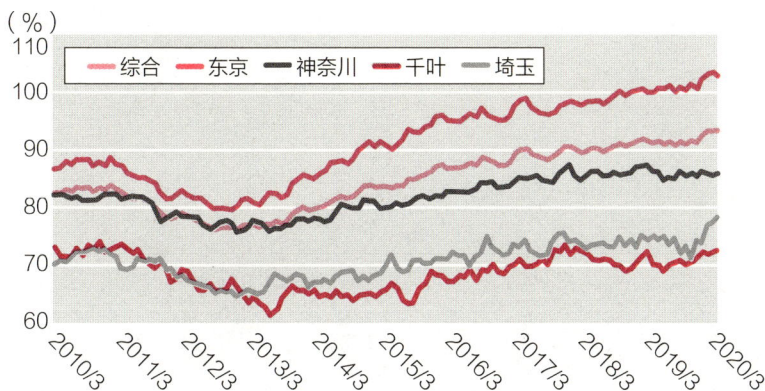

（%）

图例：综合　东京　神奈川　千叶　埼玉

纵轴：60 70 80 90 100 110

横轴：2010/3　2011/3　2012/3　2013/3　2014/3　2015/3　2016/3　2017/3　2018/3　2019/3　2020/3

参考：一般财团法人日本不动产研究所

从更长期的时间来看，日本的不动产市场从未恢复到 20 世纪 90 年代的水平。这种情况在发达国家之中可以说是绝无仅有的。基于上述事实，我认为"**日本的不动产市场存在投资良机**"。

接下来让我们看一看海外的数据。

"CPI 住宅消费指数"是将居民每个月支付的电费等公共费用指数化的数据，**一般情况下会与不动产的价格联动**。这个数据也可以用来预测日本的不动产价格。

根据我的预测，未来日本的不动产价格将在小幅下跌之后立即回升（此处就不配插图了，感兴趣的读者可以自己查阅一下）。因此，大家要想投资的话最好尽快出手，否则可能就来不及了。

总结　日本是唯一一个房地产市场价格没有恢复到 20 世纪 90 年代的发达国家，因此很有投资的潜力。

61

购买自用住宅也是"投资"
Buying your personal residence is an investment

全世界的有钱人都会非常严格地管理自己的支出。关于这一点我将在第 204 页详细说明，他们对居住成本计算得非常仔细。

有钱人大都早早地购买了自用住宅。在我认识的人中，需要每个月支付房租的人几乎不存在。因为他们认为**购买自用住宅也是一种投资。**

除了自用住宅之外，他们还会再购买两三套住宅，用于获取出租收益。如果能够用房租来偿还自用住宅的贷款，就能够进一步压缩固定开支。

我朋友们的不动产投资

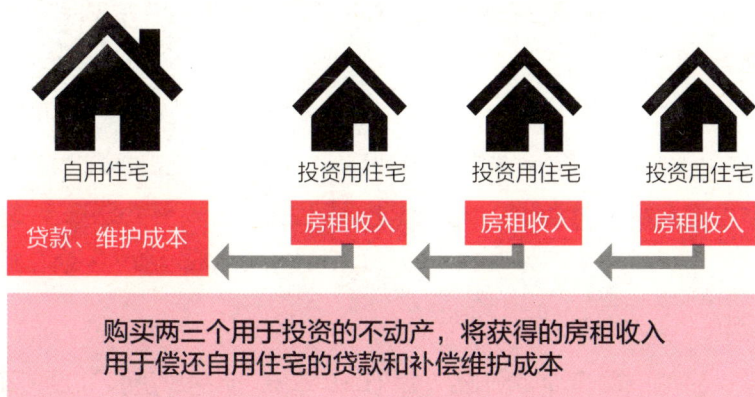

| 自用住宅 | 投资用住宅 | 投资用住宅 | 投资用住宅 |

| 贷款、维护成本 | ← 房租收入 | ← 房租收入 | ← 房租收入 |

购买两三个用于投资的不动产，将获得的房租收入
用于偿还自用住宅的贷款和补偿维护成本

日本过去 30 年间的房租几乎没有变化。也就是说，日本在过去 30 年工资几乎没有上涨。这不仅在发达国家，即便在全世界范围内也是非常特殊的情况。因此日本的消费者价格指数也一直没有上涨，不动产的价格与海外相比也几乎没有上涨。

这样一来，年轻人群体中愿意购买住房的人就非常少。

此外，20 世纪 90 年代购买住房的人群中，有不少都因为房价下跌而遭受了巨额的损失，因此以投资为目的购买不动产的人也非常少。

在海外，人们普遍认为**"房价即便暂时下跌，也早晚能涨回来"**，但日本的情况完全不是这样。因此，很多人认为在日本不应该买房，而是应该租房生活。

事实上也有很多人认为"日本今后人口会继续减少，土地价格将越来越低"。

确实，人口与土地价格的相关性非常高。但对东京周边地区来说，人口密度仍然非常高，与全世界的主要城市相比都毫不逊色。

所以，**如果你居住在像东京这样的人口集中的地区，购买住宅是非常合适的。**

日本的住宅贷款的利息目前接近于零。但这种情况应该不会一直持续下去。我觉得利息早晚会上涨。所以现在尽可能利用长时间的固定利息住宅贷款来购买自用住宅可以说是明智的选择。

总 结　如果居住在人口集中的地区，最好购买自用住宅。

62

了解日银公布的 J-REIT 的购买限额的意义

Understand the Bank of Japan J-REIT buying limit

REIT（不动产投资信托）在日本非常受欢迎。最大的原因就是利率高。

日本的存款利率非常低，全世界除了瑞士之外，日本恐怕是存款利率最低的国家。在日本要想获得高利率，最简单的办法就是购买 REIT。

J-REIT 的总市值大约有 13 兆日元，平均利率大约为 4.3%。这不但高于日本国债的利率，而且就算投资现货不动产，恐怕也很难得到这么高的收益。

因此，很多人都对 REIT 趋之若鹜。

J-REIT的利率示例（2020年7月3日时间点）

证券代码	投资法人	分配金利率（%）
8985	Japan Hotel REIT 投资法人	8.54
3468	Star Asia 不动产投资法人	7.06
3492	Takara Leben 不动产投资法人	6.97
3470	Marimo Regional Revitalization REIT 投资法人	6.89
3476	投资法人未来	6.77
3451	Tosei REIT 投资法人	6.74
8953	Japan Retail Fund 投资法人	6.65
3488	Xymax REIT 投资法人	6.58
8964	Frontier 不动产投资法人	6.35
3472	大江户温泉 REIT 投资法人	6.23

此外，安倍经济学放松金融限制的政策之一就是允许购买 REIT，这也推动了民众购买的热情。但是我希望大家注意**"日银对 J-REIT 的购买额"**。截至 2019 年年末，日银持有的 J-REIT 余额大约为 5000 亿日元。

日银从 2010 年开始购买 J-REIT，在 2015 年之后购买额迅速提升。

在新冠肺炎疫情之前，日银每年的购买限额是 900 亿日元，但在新冠肺炎疫情之后，为了进一步放宽对金融的限制，日银将这个购买额翻了一番，达到每年 1800 亿日元。

尽管实际的购买额在 2019 年只有 528 亿日元，并没有达到 900 亿日元的限额，但日银仍然将额度提升了一倍。

因此，大家必须注意购买限额和日银的实际购买额之间存在巨大的差距。

日银购买J-REIT的统计

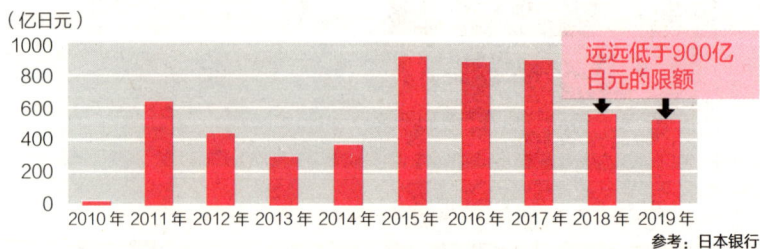

（亿日元）

远远低于900亿日元的限额

参考：日本银行

总结

与购买限额相比，更应该关注日银的实际购买额。

63

先看整体情况，再具体分析
Check the Index trend before checking Individual stocks

　　请大家看一下 J-REIT 的图表。因为 REIT 的数量众多，所以在**看图表的时候最好看指数。**

　　日本规模最大的 REIT 指数是"东证 REIT 指数"。与这个指数联动的 ETF 和投资信托的数量非常多。

　　从图表上来看，曲线在短期内处于稳定状态。

　　MACD 的两条曲线都处于下降趋势。由于期间短的曲线位于期间长的曲线下方，这意味着下降趋势短期持续。但最近期间短的曲线似乎有从期间长的曲线下方向上突破的趋势。

　　因为随机指标出现了上升的趋势，因此有短期上升的可能性。

东证REIT指数（2020年3—8月上旬）

出处：TradingView https://jp.tradingview.com/

一般情况下所说的"东证 REIT 指数",指的都是在东证上市的所有 REIT 的总市值的加权平均。

但这个图表中的东证 REIT 指数,只是东证公布的东证 REIT 指数的其中之一。

J-REIT 指数根据不动产的用途分为以下 3 个指数。虽然实际使用的情况并不多,但大家可以作为参考了解一下。

东证 REIT 写字楼指数:主要持有写字楼相关不动产的 REIT 指数。

东证 REIT 住宅指数:主要持有住宅相关不动产的 REIT 指数。

东证 REIT 商业·物流指数:主要持有商业与物流相关不动产的 REIT 指数。

在分析图表的时候,首先应该确认东证 REIT 指数的具体对象(写字楼、住宅、商业·物流),再对个别的 REIT 进行分析。

总 结 在分析 REIT 的时候,首先要看整体的 REIT 指数情况,再做具体分析。

64

不要被日银和证券公司的宣传欺骗

Don't get roped in by BOJ or Financial institution marketing of JREITs

绝大多数日本人购买 J-REIT 的原因都是"利率高"。但请大家仔细地想一想，J-REIT 的平均利率只有 4.3%。

REIT 指数因为新冠肺炎疫情而下跌了大约 50%，但日经平均股价只下跌了 30%。这还能说"REIT 安全性高"吗？

就算有 4.3% 的利率，但受新冠肺炎疫情影响比日经平均股价下跌得还厉害，这说明其**波动率非常高**。

有些证券公司将"REIT 安全性高"作为卖点。而且日本人有从众心理，认为"别人都买了，所以肯定没问题"。

但从实际的数据来看，在很短的时间内暴跌 50% 的投资商品根本谈不上安全。因为这意味着在短短一个月的时间内价格就会腰斩。这样的投资商品就算利率 8% 我也不会买，更别说 4.3% 的利率了，简直毫无吸引力。

此外，总市值高的 REIT 意味着吸收了大量的投资资金。

但我比较在意的是，这些 REIT 的**成交量并不高**。而且自从价格跌入谷底的 4 月以来，成交额几乎没有上涨。这可能意味着在其刚推出的时候吸引了很多人购买，但随后就没有新的购买者出现。

人们普遍认为日银是 REIT 的主要买家，但实际上日银每年也只会购买 500 亿~600 亿日元。J-REIT 的总市值高达 13 兆日元，日银购买的 J-REIT 对市场总体的影响并不大。

我从安倍经济学开始就一直关注 J-REIT，但正如前面提到的那样，**J-REIT 并没有使日本经济有所好转，感觉只有日银在不断地宣扬自己大量购买，并且鼓励国民也购买。**

也就是说，日银其实只购买了很少的一部分，但向国民展现出一种金融系统与金融机构大力支持的表象。与此同时，证券公司也大肆宣传 J-REIT 的高利率和安全性。

我对这些宣传并不相信。这看起来更像是一场阴谋。

总结 虽然证券公司宣称"REIT 高利率且安全"，但最好自己调查之后再做判断。

不擅长交涉就无法成为有钱人?!

人生的每一天，可以说都离不开交涉。似乎很多日本人都感觉自己"不擅长交涉"。但如果你能够擅长交涉的话，不但人生会变得更加丰富多彩，也会极大地提高成为有钱人的概率。

我曾经在 9 个国家进行过商业活动，交涉有成功，也有失败。接下来我就为大家介绍几个我认为最有用的交涉技巧。

交涉有两种方法，一种是"灵活"，另一种是"强硬"。"灵活"的最终目的是"达成共识"，也就是建立起双赢的关系。而"强硬"的最终目的是战胜对方，也就是取得"胜利"。在日本的商业活动中，大多使用"灵活"的交涉方法。

进行交涉时，场所非常重要。比如，你希望上司认可自己工作成果的时候，应该选在什么时间和什么地点来进行交涉呢？如果是我的话，就不会选择在职场，而是会选择在一个能够放松身心的地方。比如，咖啡厅或西餐厅等能够安静且悠闲地进行交涉的地方。

还有一点很重要，在交涉的时候要根据对方的特点来调整自己。比如，和比较害羞的人说话时最好尽量放慢语速，而与性格比较积极的人说话时则应该积极地推销自己。和年轻人交涉时可以多提一些对方感兴趣的话题，和老年人交涉时则可以多问问对方孙辈的事。

虽然还有其他许多交涉技巧，但这两个是最基本的，请大家一定要尝试一下。在我的 YouTube 上也有关于交涉技巧的介绍，感兴趣的读者可以观看。

Chapter

7

经济指标

了解经济相关的知识，不仅有利于投资和开展商业活动，对搞清楚自己当前的定位和未来的发展也非常重要。这里所说的并不是学术意义上的"经济学"，而是在现代社会生存所必不可少的"实践经济"。请养成通过每天的新闻报道学习经济知识的习惯吧！

65

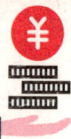

了解世界经济 = 了解金钱
Understanding the World Economy = Understanding Money

为什么要想成为有钱人就要了解世界的经济状况呢？可能很多人都有这样的疑问吧。

其实理由非常简单。**因为股票市场与经济状况之间存在着非常大的联系**，而且历史也证明了这一点。

从长期趋势来看，当经济景气的时候股价就会上涨，不景气的时候股价则会下跌。在经济不景气的时候投资股票，等经济景气之后将股票卖出，就能使资产增加。

但从短期来看，经济不一定和股价之间存在联系。

事实上，股价是经济的先行指数。比如，当投资者认为今后经济有上升趋势的时候，就会开始购买股票。因为他们预计"经济景气会使股价上涨"。

这样一来，股价就会在经济景气之前上涨。**一般情况下，股价的变化都会比经济数据的变化提前几个月。**

即便在新冠肺炎疫情期间，经济状况和股价之间也出现了时间上的延迟。GDP 是最有代表性的经济数据，尽管在新冠肺炎疫情期间 GDP 增长率出现了显著的下降，但股票市场呈现出上涨的势头。

为了消除这种时间上的延迟，需要对各种经济数据进行综合性的分析。其中最重要的数据就是 PMI（采购经理人指数）。

通过这些数据把握股票市场的动向，才能在投资的世界中立于不败之地。因此，要想成为有钱人，必须了解世界的经济状况。

S&P500（标准普尔500指数）的趋势（2019年11月—2020年7月）

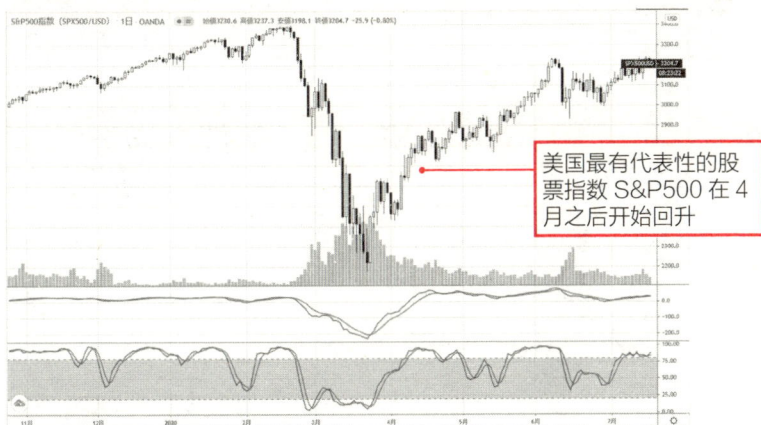

美国最有代表性的股票指数 S&P500 在 4 月之后开始回升

出处：Trading View https://jp.tradingview.com/

美国的"制造业PMI"

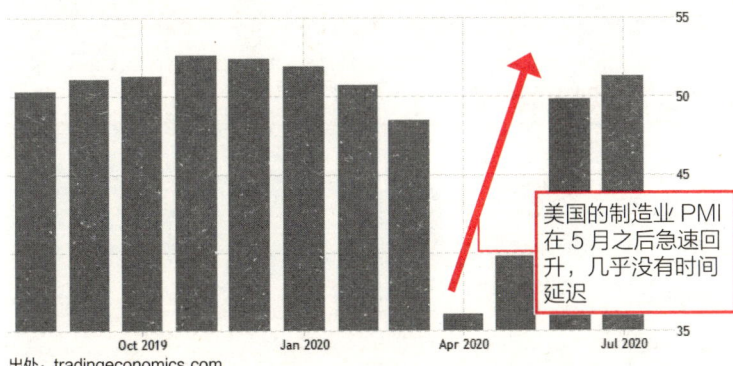

美国的制造业 PMI 在 5 月之后急速回升，几乎没有时间延迟

出处：tradingeconomics.com

总 结 为了预测股价的走势，必须了解世界经济。

66

了解"下调利率"与"股价"之间的关系

Understand the relationship between Interest Rate Decrease and Stock Prices

预测股价趋势时，**"美联储下调利率"**可以作为重要的参考。

下调利率指的是"中央银行降低利率的政策"。利率下降的话，企业和个人就更容易借贷资金，有助于经济恢复。简单来说，"低利率会促使大家都更积极地贷款和消费"，所以下调利率是一种刺激经济的积极政策。

如果有新闻报道某国政府下调了利率，尤其是"美联储下调了利率"，那么这个措施将对包括股价在内的各项先行指标造成影响。因此，每当美联储决定下调利率（尤其是"紧急"和"追加"）的时候，全世界的新闻媒体都会对此进行报道。

从历史上来看，**美国在过去 35 年曾经 11 次紧急下调利率。**

美国紧急下调利率的示例

时间	发生的情况	时间	发生的情况
1987年10月	黑色星期一	2001年9月	9·11 恐怖袭击
1995年7月	预防性下调利率	2007年8月	次贷危机
1998年10月	俄罗斯金融危机与美国长期资本管理公司破产	2008年1月	雷曼事件
		2008年10月	
2001年1月	IT 泡沫崩溃	2020年3月（2次）	新冠肺炎疫情
2001年4月			

从过去美联储紧急下调利率的效果来看，在下调利率 1 个月之后，股票市场平均会增长 3%，而 6 个月之后则平均下降 4%，1 年后平均

下降约 9%。

也就是说在紧急下调利率之后 6 个月到 1 年，股票市场有极大的可能性会下跌。

紧急下调利率与股票市场的关系

	3 个月后	6 个月后	1 年后
紧急下调利率	3%	-4%	-9%

美联储下调利率，股票市场会先升后降。反之，美联储上调利率，股票市场则会下降。

虽然这可以说是基本的原则，但也并非百分之百准确。

比如，2020 年 3 月美联储就紧急召开会议，决定将利率下调 0.5%。一般来说，美联储每次下调利率都应该在 0.25%，因此直接下调 0.5% 是非常特殊的情况。

但美联储并没有明确地指出下调利率的原因，所以股票市场在短时间内并没有对此做出反应。今后也可能会出现类似的情况。

我从上高中时就一直关注美联储的消息，在众多新闻媒体之中，我认为《华尔街日报》对美联储的信息介绍最为全面。对于想要了解美联储最新动向的人，我推荐订阅《华尔街日报》。

总结 在紧急下调利率之后股票市场会暂时上涨，但 6 个月至 1 年期间又会下跌，请务必注意。

67

¥ 宽松的金融政策扩大了贫富差距

Monetary easing increases the Wealth Gap

根据 2019 年的数据,"全世界最有钱的 2000 个人,财富加起来比 46 亿人的财富还要多"。

这么大的贫富差距是怎么来的呢?我对此很感兴趣,所以进行了一些调查。

根据《经济学人》2018 年 10 月公布的数据,全世界排名前 1% 的有钱人持有的财富比率从 2000 年开始出现下降的趋势,从约 47% 下降到大约 42%。但从 2009 年之后又变为上升趋势,到 2018 年时恢复到了 47% 左右。

这种趋势与股票市场的趋势正好完全相反。

排名前1%的有钱人持有的财富比率

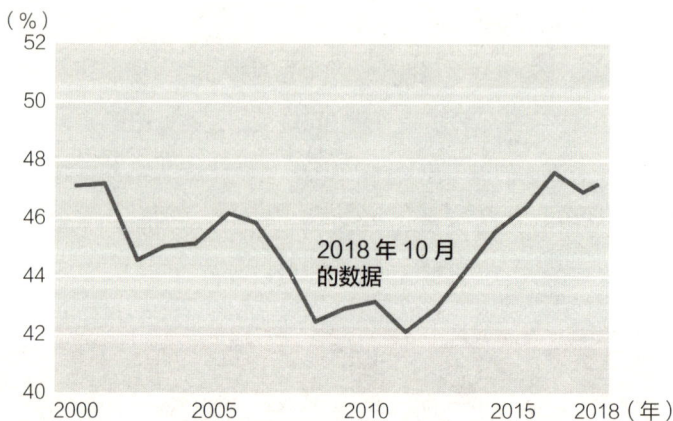

（%）

2018 年 10 月的数据

参考:根据《经济学人》制作（出处:Credit Suisse Research Institute）

2009 年之后，全世界有钱人的财富之所以开始上涨，我认为**和中央银行采取宽松的金融政策有很大关系。**

世界各国都从 2009 年开始采取宽松的金融政策。美国、英国、日本等国的中央银行都下调了利率，还开始购买股票和债券。

这种政策对富裕阶级来说是非常有利的。而贫困人口因为没有股票和债券，所以这种政策和他们几乎没什么关系。中产阶级虽然也持有一些股票和债券，但因为持有比例较小，所以享受到的红利也不多。

但富裕阶级的人资产中很大比率都是股票、债券和不动产。2009年之后宽松的金融政策使股票和债券的价格上涨，富裕阶层的资产也随之大幅增加。

"宽松的金融政策 = 金钱大量流入市场，普通市民也能享受到其中的好处"，这种观念是错误的。

在我看来，现在这种下调利率，中央银行出手购买股票和债券的宽松金融政策是一种不负责任的政策。

总结

金融政策越宽松，大量持有股票、债券、不动产的有钱人就越富有，贫富差距也就越大。

68

新冠肺炎疫情不会导致大萧条

Corona-shock will not lead to Great Depression

可能有人担心"新冠肺炎疫情会不会导致世界范围的大萧条",我认为不会。因为不管是 20 世纪 30 年代的大萧条还是 2008 年的雷曼事件,最根本的问题都是**金融问题。**

经济是由金钱的循环驱动的,如果因为金融出现问题导致金钱的循环停滞,要想恢复就非常困难。

但新冠肺炎疫情并没有切断金钱的循环,只是影响了人和物的流动。就算不能出门,人们仍然可以在家工作和消费。这一点和金融危机完全不同。

虽然新闻报道说新冠肺炎疫情可能导致大萧条,但我认为不必过于惊慌。**是否会导致大萧条,应该通过数据来进行判断。**

在分析经济发展趋势的时候,PMI 是非常重要的数据。PMI 能够反映出企业的采购经理人对经济的期待度,而且这个数据每个月都会公布,所以我认为对了解经济状况很有帮助(详见第 166 页)。

比如,美的制造业 PMI 在新冠肺炎疫情严重暴发的 4 月大幅下降,但 5 月之后就急速上升。非制造业的 PMI 也出现了同样的趋势。

PMI 上升意味着企业的采购经理人认为"经济会恢复",所以才会进行设备投资并开展经济活动。

通过对这些数据进行分析,就不会轻易地相信新闻媒体关于"大萧条"的报道。

美国的"制造业PMI"

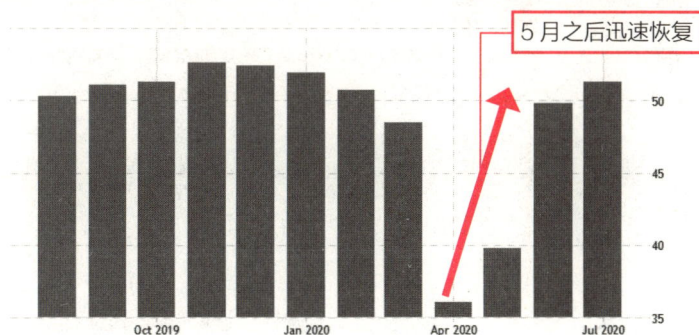

5 月之后迅速恢复

Oct 2019　Jan 2020　Apr 2020　Jul 2020

50
45
40
35

出处：tradingeconomics.com

美国的"非制造业PMI"

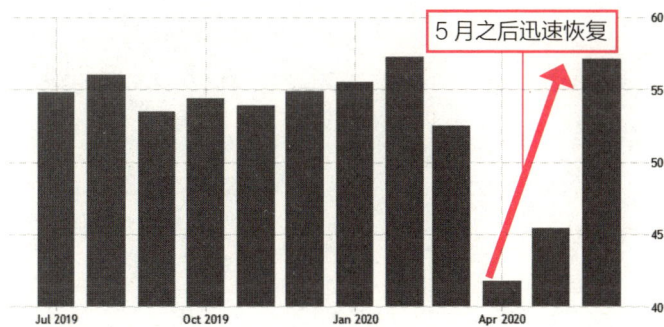

5 月之后迅速恢复

Jul 2019　Oct 2019　Jan 2020　Apr 2020

60
55
50
45
40

出处：tradingeconomics.com

总结 不要轻易相信新闻媒体关于"大萧条"的报道。

69

¥ 应该用什么指标来判断大萧条

What metrics to use when determining a Great Depression

如果今后出现了严重的经济衰退，应该以什么为基准来判断是不是"大萧条"呢？

经济衰退（Recession）的定义之一是**"连续两年 GDP 增长为负"**。

全世界的 GDP 大约 70% 都是由美国、中国、欧洲、日本贡献的，所以分析这 4 个国家和地区的 GDP 数据非常重要。

此外，还有一个在 GDP 公布之前预测经济衰退的方法。

这个方法就是查看 OECD 公布的"综合领先指标（Composite Leading Indicator，缩写 CLI）"，这是"以预测将来经济活动为目的的主要经济指标"。

OECD 会计算包括美国在内的各国数据，**这个数据基本上和 GDP 的变化趋势一致，而且具有比其他经济指标先行的特征。**

比如，从美国、中国、欧洲、日本过去 15 年间的图表来看，这次新冠肺炎疫情对 CLI 造成的影响甚至超过了雷曼事件。

只要对 CLI 进行分析，就能预测全世界 GDP 的变化趋势。

CLI 是根据股票指数、债券指数、消费者信心指数等重要的先行指数计算出来的数据，在 OECD 的网站上就能查询到。

说起"经济"，可能有人觉得这是离自己很远的事情。但实际上经济与我们每个人的生活都息息相关。有钱人绝对不会认为"没必要学习经济"。

学习经济相关的知识，当你在今后的工作和生活上遇到问题时，可以为你提供重要的参考。一开始你可能会觉得经济知识很深奥、难以理解，但只要每天坚持通过网络或新闻媒体了解一些相关的内容，就能自然而然地加深对经济的了解。

综合领先指标（CLI）

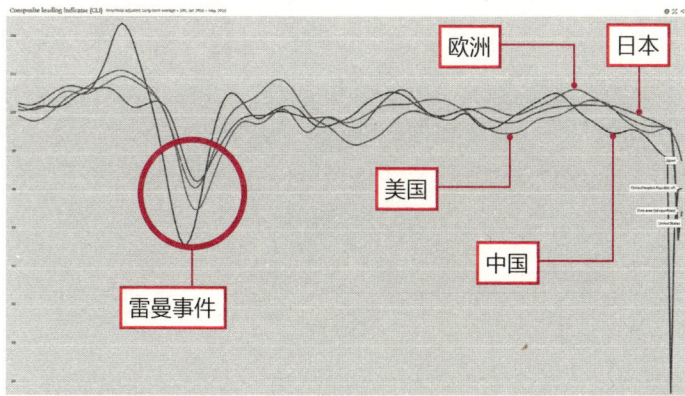

出处：OECD

总结 利用先行指标预测 GDP 的变化趋势，提前把握经济衰退的征兆。

70

¥ 发觉 "经济衰退" 征兆的方法

How to predict an Economic Recession

经济是什么？简单来说，"经济就是金钱的循环"。人类通过生产、销售、购买使金钱循环起来。将金钱的循环转变为数据并加以测算，就可以进行许多分析。

那么，应该如何对经济进行分析呢？

目前最普遍的方法就是分析 GDP（但有些国家也存在比 GDP 更加重要的经济指标）。

GDP 指的是 "一个国家生产了多少商品，购买了多少商品，提供了多少服务" 的数据。可以说 "GDP 增长率" 就代表了 "国家的增长率"。

虽然预测 GDP 的走势非常困难，但根据我的经验，在**对 GDP 进行预测时，后文中即将提到的 "LEI" 等先行指标非常重要**。

任何一个国家在出现经济衰退之前，先行指标都会下跌。这一点非常重要，请大家务必牢记。

被作为先行指标使用的数据包括 "失业率" "新屋建筑许可数量" "生产指数" "股票指数" 等许多数据。

在上一节中，我为大家介绍了 OECD 公布的先行指数 "CLI"。接下来我再为大家介绍一个世界大型企业联合会（Conference Board）计算的先行指数 "领先经济指数（Leading Economic Index，缩写 LEI）"。

首先来看美国的 LEI 数据。2001 年美国经济衰退时，2008 年雷曼事件时，以及 2020 年 4 月新冠肺炎疫情时，LEI 都出现了大幅下降。

美国的LEI的推移

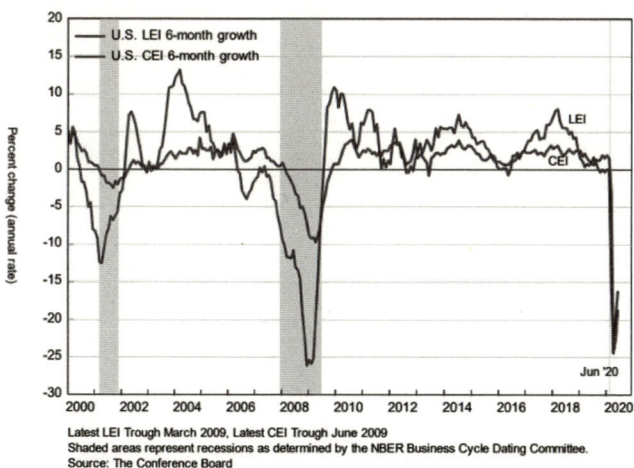

Latest LEI Trough March 2009, Latest CEI Trough June 2009
Shaded areas represent recessions as determined by the NBER Business Cycle Dating Committee.
Source: The Conference Board

出处：THE CONFERENCE BOARD

　　日本在雷曼事件之后，分别于 2011 年和 2012 年都出现了经济衰退。2011 年是因为受东日本大地震影响，2012 年则是在安倍经济学开始之前出现的经济衰退。

　　虽然预测世界经济发展趋势的方法有很多，但实际要想准确预测是非常困难的。

　　但因为全世界 GDP 的约 70% 都集中在 4 个国家和地区，所以**只要分析这 4 个国家和地区的 LEI 就能够在一定程度上发现经济衰退的征兆。**

　　先行指标有很多，LEI 因为综合计算了很多先行指标，而且不受任何国家政府的控制，所以属于可信度比较高的指标。

总结　只要分析 GDP 占全世界约 70% 的 4 个国家和地区的 LEI，就能提前发现大萧条的征兆。

71

¥ "PMI"是中国最重要的经济指标之一

PMI is one of the most important economic indicators for China

在对世界经济进行分析时，中国的存在是不可忽视的。因为中国在国际上的影响力越来越大，所以应该时刻保持关注。

那么，要想了解中国的经济情况，应该关注哪些指标呢？我推荐关注"PMI"。

PMI 是根据每个月向企业的采购经理人进行关于新订单、生产、雇佣等情况的问卷调查结果计算出的数据。

一般来说，**当 PMI 的数值保持在 50 以上的情况下经济就会发展，反之，如果保持在 50 以下的话，经济就会衰退。**

中国的 PMI 有国家统计局（NBS）公布的数据和民间企业（财新）公布的数据。

PMI 之所以如此重要，主要因为以下 3 点：①每个月都会公布，所以能够及时地把握现状（GDP 每季度公布一次）；②中国是制造业大国；③能够反映经营者的心理。

PMI 包括"制造业""非制造业""服务业"的数据。其中"非制造业"和"服务业"其实都属于服务行业，只是计算的主体不同。

从过去制造业的 PMI 来看，2020 年 2 月受新冠肺炎疫情的影响大幅下降。因为这次下降甚至超过了雷曼事件时期，所以新闻媒体也对其大事报道。

　　但随后的 3 个月 PMI 的数值就一直保持在 50 左右，可以说顺利地恢复到了正常水平。而非制造业的数据也基本相同，在 3 月之后一直保持在 50 左右。

中国的"制造业PMI"

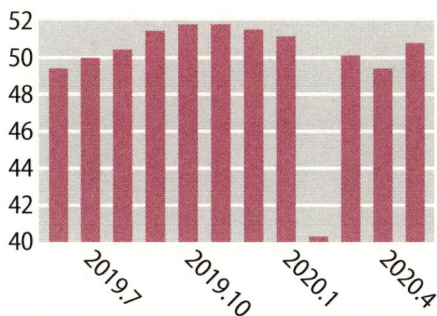

中国的"非制造业PMI"

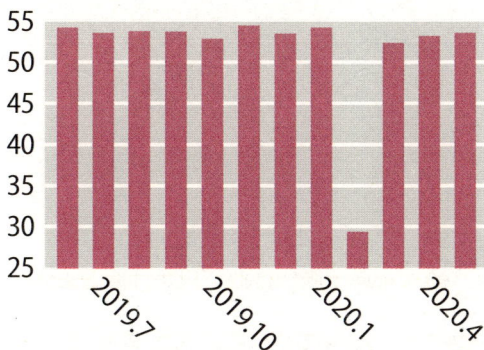

再对细节部分进行分析就会发现，制造业的 PMI 在 4 月出现了少许的下降，而非制造业的 PMI 则从 3 月开始就一直保持着上升势头。这说明一直以制造业为支撑的中国经济受新冠肺炎疫情的影响，**开始向"非制造业支撑的经济"转型**，我认为这是非常重要的变化。

从最近的数据来看，非制造业 5 月的 PMI 为 53.6，6 月为 54.4。

也就是说，非制造业的经营者对经济恢复更有信心。经营者有信心的话，就会进行设备投资，加速金钱的循环。即便政府推出各种促进经济的政策，如果经营者们不采取行动的话也毫无意义。从这一点上来看，我认为"今后中国将会迅速地从疫情中恢复过来"。

总结 中国的非制造业将成为帮助中国从疫情中恢复的强大力量。

不能只看 GDP
Don't focus too much on GDP

可能有的读者认为"统计数据不能完全相信"。

但我认为至少 **PMI 的可信度是比较高的**。我在华尔街工作的时候，有一个专门研究中国市场的专家，也说过这个数据非常重要。

请看下页 GDP 增长率的图表。首先是**美国的数据，存在一定程度的波动。这应该是普遍的情况。但中国的数据在 2020 年之前几乎没有任何变化**。这一点让人感觉非常奇怪。

因为**不同国家对 GDP 数据的计算方法不一样，所以有时也很难横向简单比较**。从这个意义上来说，只关注 GDP 是不可取的。

而 PMI 则是对几百家企业的采购经理人进行问卷调查后，根据结果计算而出的数据，所以参考价值较高。

有人质疑中国政府对 PMI 的数据造假，但为什么会将 2020 年 3 月 PMI 大幅下跌的数据公布呢？当时正值新冠肺炎疫情暴发，中国在国际社会饱受批评，我完全想不到中国在这种时候还公布这种负面数据的理由。

我认为**"中国的 PMI 数据值得信赖"**。

美国的GDP增长率（过去10年间）

存在一定程度的波动

出处：tradingeconomics.com

中国的GDP增长率（过去10年间）

几乎没有变化

出处：tradingeconomics.com

总 结　中国的 PMI 值得信赖。

73

¥ 把握日本经济现状的 2 个数据

Understanding the Japanese economy with 2 types of Data

在分析日本的经济状况时，PMI 也十分重要。日本计算 PMI 的方法也是对几百家企业的采购经理人进行问卷调查并计算调查结果，美国也是这种方法。

正如我在第 166 页说明的那样，PMI 数值保持在 50 以上就意味着经济发展，反之保持在 50 以下则意味着经济衰退。

2020 年 6 月日本制造业的 PMI 数据为"40.1"。**与雷曼事件时相比，这已经是比较高的数字。**

美国的非制造业 PMI 则下降到了和雷曼事件时相同的状态。虽然制造业和非制造业存在着一定的差异，但发展趋势基本相同。

日本"制造业PMI"（过去15年间）

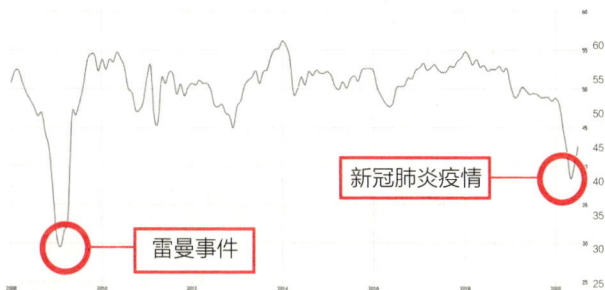

新冠肺炎疫情

雷曼事件

出处：tradingeconomics.com

另一个需要关注的数据就是 GDP 增长率。从 2020 年第一季度的数据来看，日本的 GDP 增长率为 -0.6%。与雷曼事件时相比，这个跌幅并不大。

当然，我并不是说"新冠肺炎疫情的影响很小"。很多人都受到了非常严重的影响。我只是想告诉大家，**"应该根据实际的数据来判断"**。

从历史的数据上来看，新冠肺炎疫情造成的影响并没有雷曼事件那么大。尤其是在 2020 年 6 月这个时间点上，日本经济并没有像美国经济那样受到巨大的影响。

当然，在本书出版（2020 年 9 月）之后，情况可能会发生变化。但即便到了那个时候，也不能完全相信媒体的报道，应该自己分析一下"PMI"和"GDP 增长率"的数据，这样才能准确地把握日本的经济状况。

日本的GDP增长率（过去25年间）

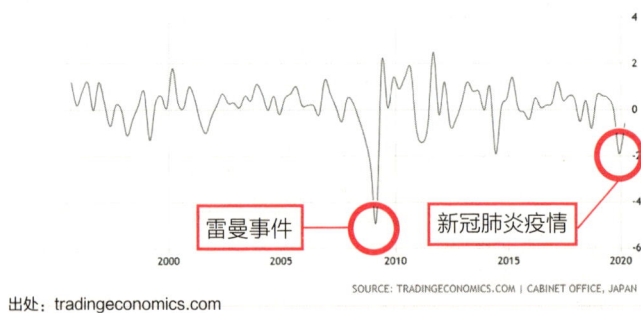

出处：tradingeconomics.com

SOURCE: TRADINGECONOMICS.COM | CABINET OFFICE, JAPAN

总结 与美国相比，日本经济受新冠肺炎疫情的影响较小。

74

正确理解债务违约
Understand the meaning of Default

2020 年 5 月 22 日，阿根廷出现了第 9 次债务违约。

虽然日本媒体对此进行了报道，并认为这是非常严重的问题，但我并不这么认为。

首先我要告诉大家的是，**"阿根廷出现债务违约并不是什么稀罕事"**。当听到这个新闻的时候，我就认为"没什么大问题"。

我之所以做出这种判断，主要出于以下 3 个原因。

①阿根廷政府没有支付利息的国债金额"只有大约 5 亿美元（大约 540 亿日元）"。从政府债务的总额来看，这个数字比较小。

②在宣布债务违约之前，阿根廷的经济部宣布对大约 660 亿美元（约 71000 亿日元）的国债进行"重组"。阿根廷政府知道第二天会出现小规模的债务违约，所以才提前宣布进行大规模的债务重组。

"重组"指的是在无法按时偿还债务时，对偿还条件进行交涉。比如，延长偿还期限但上调利率等各种交涉。

③阿根廷自从 1816 年独立以来，出现过 9 次债务违约。因为这种情况多次出现，所以这次债务违约也不算是什么大事。

比债务违约更值得关注的，是阿根廷的市场将会如何变化。这一点不但日本人不是很了解，许多外国人都不了解。我因为曾经做过好几次阿根廷的外汇交易，所以多少了解一些，关于具体的内容请参见次节。

类似阿根廷债务违约这样的新闻，今后可能还会出现很多，所以掌握正确分析新闻的方法非常重要。

除了阿根廷之外，世界上的许多国家都发生过债务违约。大家应该都记得希腊也发生过债务违约。

华尔街甚至流传着这样一个笑话，**"气候温暖地区的国家容易出现债务违约"**。

今后，东南亚和南美洲的国家或许也会出现债务违约。到那个时候，市场会出现怎样的变化呢？如果能够事先把握的话，一定会对投资有所帮助。

总 结　不能完全相信新闻媒体的报道，要用自己的数据进行分析。

75

金融市场的数据比新闻更可靠

For economic news, first observe the impact of Financial Markets

当"阿根廷债务违约"成为世界经济的头条新闻时，我首先做的事情是确认**"股票市场和汇率市场出现了怎样的变化"**。在阅读新闻之前，我要把握客观的数据。

根据市场的真实反应，就能判断出来这究竟是不是真正的"大新闻"。

如果你在不了解客观数据的情况下先看了新闻，很有可能被新闻报道的内容牵着走，误认为发生了重大的事件。所以正确的做法是先确认市场的情况。

但阿根廷的经济规模（股票市场）与发达国家相比要小得多。那么，应该看哪一个市场才好呢？

阿根廷最大的市场之一是**"外汇市场"**。因此，我们首先应该确认阿根廷比索的汇率变动情况。

USDARS 是"以美元作为分子，以阿根廷比索作为分母"的汇率比率，也就是能够了解 1 比索相当于多少美元。当下页图表的曲线向右上攀升时就意味着美元上涨，阿根廷比索下跌。

首先来看长期的发展趋势，2013 年之后，阿根廷比索就持续下跌。

20 年前 1 美元能够兑换 1 比索，但现在 1 美元能够兑换 70 比索。也就是说，阿根廷比索的价值已经下降到原来的七十分之一。

USDARS（美元/阿根廷比索）的长期图表

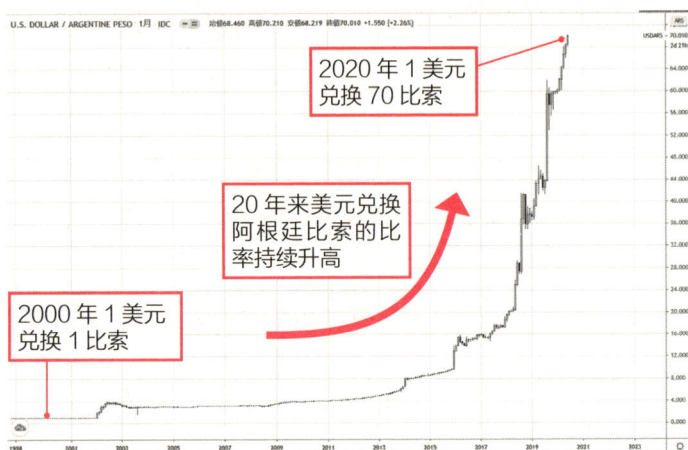

出处：TradingView https://jp.tradingview.com/

  导致阿根廷比索贬值的原因虽然有经济上的，但债务违约也是非常大的因素。此外，阿根廷政府的贪污腐败问题也经常被媒体曝光，导致其政府形象不怎么好。

  我比较感兴趣的是阿根廷的政府债务。从政府债务与 GDP 的比率上来看，现在的 90% 并不是过去 25 年间的最高值。

  最高值出现在 2002 年，高达 167%。

  从当时的图表来看，阿根廷比索与美元的兑换比率从 1 美元兑换 1 比索下跌到 1 美元兑换 3.8 比索。阿根廷比索的价值暴跌了 70%~80%。

由此可见，**政府债务的多少也会对汇率产生影响。**

政府债务减少时，汇率普遍比较稳定。而"债务增加时汇率也会出现波动"。希望大家能够了解这一点。

阿根廷GDP与政府债务的比率

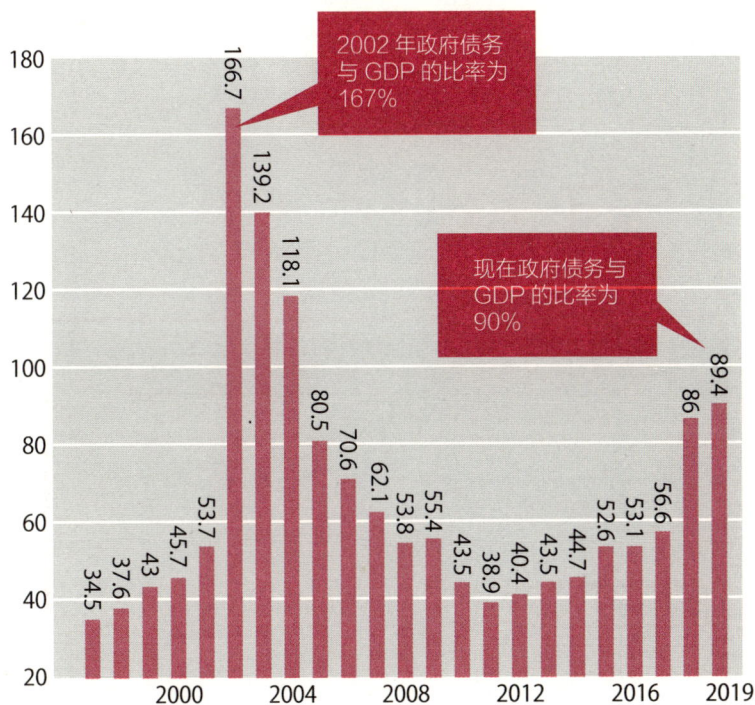

2002 年政府债务与 GDP 的比率为 167%

现在政府债务与 GDP 的比率为 90%

出处：tradingeconomics.com

2002年USDARS的推移

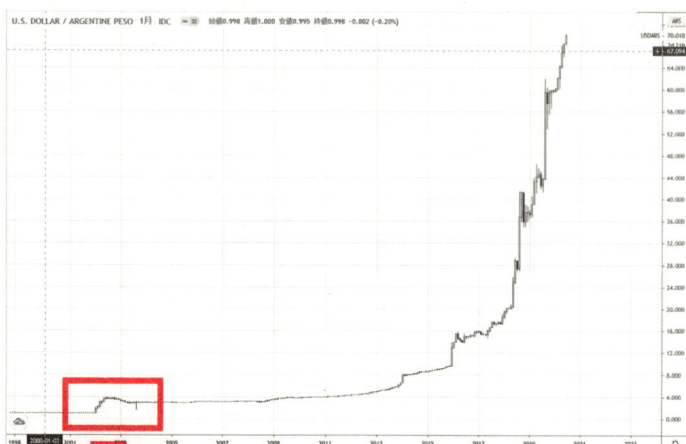

1 美元兑换 3.8 比索

1 美元兑换 1 比索

出处：TradingView https://jp.tradingview.com/

总 结

对于股票市场规模比较小的国家，
可以观察其汇率的变动。

76

¥ 确认政府债务与 GDP 的比率

Measure Government Debt as a percentage of GDP

通过阿根廷的事例可以看出，作为一名投资者，应该时刻关注目标国家的汇率和政府债务与 GDP 的比率。

政府债务与 GDP 的比率是非常重要的数据。因为即便知道各国政府的债务金额，但由于不同国家的经济规模各不相同，仅凭债务金额的多少无法进行比较，所以就需要关注政府债务与 GDP 的比率。

那么，日本的政府债务与 GDP 的比率是多少呢？

在全世界 190 多个国家中，日本的政府债务与 GDP 的比率是最高的。我认为这是一个比较严重的问题。

日本政府债务与GDP的比率

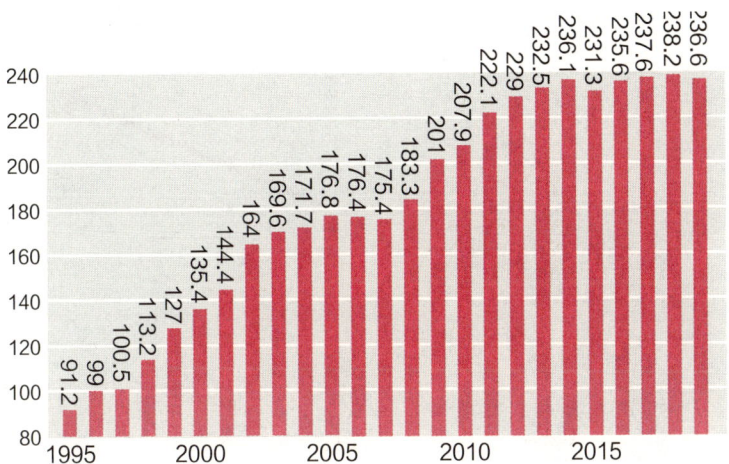

出处：tradingeconomics.com

可能会有人对我的看法提出反对意见。

但我认为"政府债务与消费税率相关，这才是问题所在"。

从历史的角度来看，绝大多数的货币危机都是由于债务问题引发的。而出现货币危机时，股票市场都会出现暴跌的趋势。

让我们再回到阿根廷的话题上。

阿根廷出现债务违约时，股票市场发生了什么样的变化呢？阿根廷最著名的股票指数是"MERVAL指数"。虽然这个指数一直在上涨，但因为阿根廷比索的汇率一直在下跌，所以用美元计价的话其实际价值并没有太大的提升。

阿根廷的股票指数"MERVAL指数"的推移

出处：TradingView https://jp.tradingview.com/

由于阿根廷比索的汇率持续下跌，所以就算持有阿根廷的土地和股票，在国际上也没有什么太大的价值。

这就是由于本国货币大幅贬值导致国际购买力下降的"进口不利状态"。

阿根廷的事例告诉我们一个道理，那就是**仅凭股票市场和不动产市场的动向，并不能准确地把握一个国家的实际状况**。如果政府债务与GDP之间的比率过高，将来可能会引发货币危机，导致股票市场暴跌。所以**务必要时刻观察政府债务与 GDP 的比率以及汇率的变化情况**。

总结

在货币贬值的情况下，即便股价上涨也无法成为有钱人。

77

观察对债务违约提供担保的 "CDS" 的发展趋势

Watch the CDS market, which measures the insurance rate for default

说起债务违约，就不得不提与之相关的金融产品之一 CDS（credit default swap）。可能很多读者没听说过，CDS 是一种保险产品。

我们如果购买人寿保险的话，每年都会收到保险金。同样，CDS 是"针对债务违约支付的保险"。

也就是说，**一旦实际出现债务违约的情况，CDS 就会支付保险金来弥补你的部分损失。**

CDS 也为阿根廷的债券提供保险，在对 3~10 年的债券进行投资时，一旦出现债务违约，CDS 的持有者就能够获得保险金。

阿根廷 CDS 的价格在 2019 年暴涨。同一时期阿根廷的政府债务与 GDP 的比率持续上升，货币贬值。正是这些因素影响到了 CDS 的价格。

因此，当阿根廷正式宣布债务违约时，我们首先应该关注的就是 CDS。

CDS 市场虽然最初也出现了一些波动，但实际的波动并不大。

这是因为在 5 月 22 日阿根廷正式宣布债务违约之前，阿根廷经济部已经在 19 日宣布进行债务重组，而且那个时候就流出了会出现债务违约的消息。

这意味着**市场已经准确地预测到了债务违约的事实。**

那么，今后再遇到债务违约的新闻时，我们应该关注什么呢？因为我预测今后可能会有越来越多债务违约的情况，所以希望大家能记住下面的内容。

我推荐关注：①"货币的价格变动"。这是针对国家出现债务违约的情况。②如果是企业出现债务违约，就关注"股价"或者"该企业发行的公司债券的价格"。③ CDS 市场。

在确认完上述内容的真实数据之后，再阅读新闻报道的内容。

这个顺序非常重要。因为先把握市场的实际情况之后，你才能判断新闻报道内容的真实性和重要性。

当遇到像债务违约这样的重大事态时，请务必按照上述顺序来收集信息。

总结 出现债务违约时，首先确认货币价格
与 CDS 的变化情况。

阿根廷5年CDS的价格推移

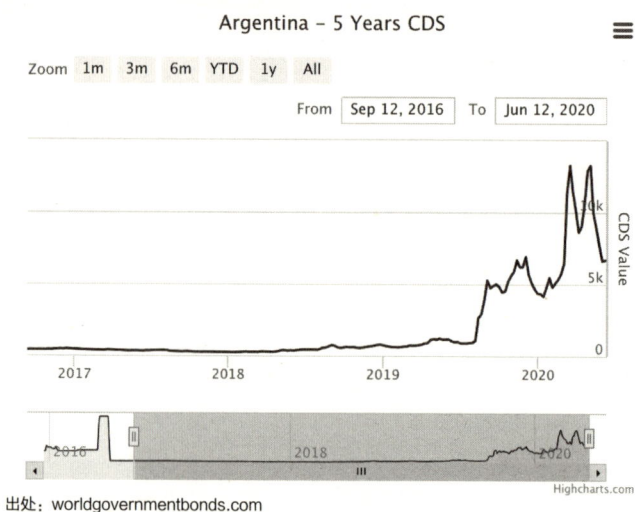

Argentina – 5 Years CDS

Zoom 1m 3m 6m YTD 1y All

From Sep 12, 2016 To Jun 12, 2020

出处：worldgovernmentbonds.com

阿根廷债务违约前后CDS的变化情况

Argentina – 5 Years CDS

Zoom 1m 3m 6m YTD 1y All

From Apr 28, 2020 To Jun 12, 2020

2020 年 5 月 22 日
宣布债务违约

出处：worldgovernmentbonds.com

Chapter 8

富有的习惯

在前文中我为大家介绍了全世界的有钱人都在实践的赚钱方法。本章我将为大家介绍一些对成为有钱人很有帮助的生活习惯。比如，用英语收集信息的技术、管理时间的技术、节约的技术等。

78

阅读英语新闻，提高信息质量

Increase your Information Literacy by learning English

我每天早晨都会阅读很多英语新闻。

我首先阅读的是《日本经济新闻》，了解日本的商业、政治及经济状况。

然后我会浏览彭博社的市场数据，把握市场的现状。接着阅读彭博社的新闻。需要注意的是，**在阅读新闻之前要把握世界股票、商品、汇率的实际数据。**

看完上述信息之后，我会继续阅读《全球经济指标》《市场观察》、美国消费者新闻与商业频道（CNBC）等。

此外，我还会阅读《金融时报》《华尔街日报》《华盛顿邮报》《政治》。除了这些每天必看的内容，我还会浏览其他一些新闻网站。

阅读新闻的顺序

顺序	网站名	URL
1	日本经济新闻	https://www.nikkei.com/
2	彭博社	https://www.bloomberg.com/
3	全球经济指标	https://jp.tradingeconomics.com/
4	市场观察	https://www.marketwatch.com/
5	CNBC	https://www.cnbc.com/
6	金融时报	https://www.ft.com/
7	华尔街日报	https://www.wsj.com/
8	华盛顿邮报	https://www.washingtonpost.com/
9	政治	https://www.politico.com/

可能有人会说："这么多能看得过来吗？"

但我并不是将所有的内容都看完。**我会首先浏览一下标题，然后选择自己感兴趣的内容仔细阅读。**

只要坚持一段时间，你只看标题就能大致了解当天发生了什么，而且能够通过对比阅读掌握"不同新闻媒体的特征"。

这样一来，你就能**总结出"这个媒体用这样的标题时，就应该仔细阅读一下内容"**之类的经验。

关键在于坚持。

每天坚持阅读大量的新闻，坚持半年到一年之后，你就能逐渐了解各个新闻媒体的特点，然后知道"类似这样的社会问题，应该看这个媒体的报道"。坚持几年之后，你就能将现在的新闻报道与过去的新闻报道结合起来，从而做出"今后可能会发生这样的事情"之类的预测。

坚持的关键在于**"不要利用空闲时间，要每天专门安排出阅读新闻的时间"**。

这个时间可以是吃早餐时，也可以是早晨通勤时。请将"阅读英语新闻的时间"加入你的日常生活中吧！

总结 了解市场数据之后，能够更高效地
理解新闻内容。

79

学习英语能帮你赚钱
Learning English will help you make money

在全球最大的会计师事务所之一普华永道公布的全世界总市值排名前 100 家企业（2020 年 3 月）之中，日本只有一家企业排在前 50 名，那就是丰田汽车（第 29 名）。

排在前面的大多是美国、欧洲和中国的企业。

但我并不是建议大家去投资这些总市值高的企业。

我想对大家说的是，**这些排在前列的企业大多使用英语，而且世界上绝大多数的金融系统也都是以英语为基础的。**股票、债券、商品等几乎所有的市场都使用英语。以美元结算的 ETF 也几乎都和美国的市场联动。因为美国是全世界最大的金融市场。此外，要阅读企业的决算书也需要英语能力。

由此可见，要想成为有钱人，英语能力是必不可少的。

总市值排行榜

排名	企业名	国家
1	沙特阿美	沙特阿拉伯
2	微软	美国
3	苹果	美国
4	亚马逊	美国
5	字母表	美国
6	阿里巴巴	中国

排名	企业名	国家
7	脸书	美国
8	腾讯	中国
9	伯克希尔·哈撒韦	美国
10	强生	美国
〰	〰	〰
29	丰田汽车	日本

我希望日本的金融制度能够更加健全和公平。如果你掌握英语的话，与海外进行比较之后就会发现"日本的制度竟然如此奇怪"。而且通过了解世界增长见识，你自然而然地就能掌握赚钱的方法。

到那个时候，再收听美联储主席发言和美国总统发言，你就不必再依赖日本媒体的翻译，而是能够自己理解。

关键不在于"对方说了什么"，而在于"对方是怎么说的"。 发音的强弱、语气的变化，这些都能传达出不同的信息。所以自己亲耳听和理解非常重要。

我建议大家尽早开始练习英语听力，同时也让孩子多听正宗发音的英语。

想学英语的人，可以收听我的 YouTube 频道"Dan Takahashi"和"高桥丹"。因为我分别准备了日语版和英语版。大家可以在工具条里选择字幕语言，一边学英语，一边了解全世界的最新消息。

总结 与投资相关的重要信息，最好不要依赖日本媒体，而是用英语直接理解。

80

善用"谷歌翻译工具"提高英语能力

Increase your English skills with Google Translate Tool

"想阅读英语新闻。"

很多人都有这种愿望吧。如果能够阅读英语新闻的话，就能够获得更多的信息，还能够发现本国媒体的诸多问题，所以我非常推荐大家提高自己的英语能力。

其实我在一年之前，日语阅读还处于非常糟糕的水平。但我利用某种方法使自己的日语在短时间内提高到了小学生水平。大家如果也利用这个方法，一定能使自己的英语水平突飞猛进。

首先请大家下载谷歌翻译工具（参见第 192 页）。电脑和智能手机都能下载，下载好之后准备工作就完成了。

接下来就是开始阅读新闻。一开始可以先阅读母语版，然后阅读英语版。比如，先在母语版的网站上将金融和经济相关的文章都浏览一遍，理解内容之后再阅读英语版的相关内容。

在阅读英语新闻时，推荐使用前面提到的先浏览"标题"，然后对感兴趣的内容仔细阅读的方法。

建议大家选择标题和内容都比较短的媒体。

文章太长会让人没有仔细阅读的欲望，而且刚开始翻译起来肯定非常费劲，要理解也需要花费更多的时间。

我推荐 CNBC。

CNBC 是美国的媒体，其面对的读者群体并不是专业人士，而是普通大众，所以新闻内容普遍短小精悍。英国的《金融时报》也以新闻内容简短著称。我建议大家在刚开始学英语时，从这两个媒体的新闻开始。

当遇到不懂的单词时，可以使用翻译工具，关键在于**"以动词为中心进行记忆"**。因为像"上涨"和"下跌"之类表示市场变化的词都是动词。

比如，CNBC 有这样一条新闻，标题是"Treasury yields rise slightly as jobless claims top 2 million last week"，其中的关键点就在于"Treasury""yields""rise"这 3 个单词。

在这里，"rise"作为动词代表"Treasury yields"国债利率上涨。推荐大家像这样以动词为中心进行学习。

CNBC的新闻示例（2020年5月18日）

总结
利用 CNBC 和《金融时报》的标题
来提高英语能力。

81

翻译工具的使用方法
How to use Google Translate

在浏览英文网站的时候，翻译工具非常有用。

除了将英文内容复制下来粘贴到谷歌翻译的页面上之外，还有其他更高效的翻译方法。其中一种方法就是**利用谷歌浏览器的扩展程序。**具体的方法如下：

①在谷歌浏览器网上应用商店中搜索"谷歌翻译"；

②选择"添加至谷歌浏览器"；

③将"谷歌翻译"固定在工具条上。

现在你就可以使用谷歌翻译来直接翻译网页上的内容了。只要选择想要翻译的文字，就会自动弹出"谷歌翻译"的图标，点击图标之后，文字内容就会直接翻译为母语。或者也可以选择想要翻译的文字内容，再点击工具条上的"谷歌翻译"图标。

在谷歌浏览器的网上应用商店中搜索"谷歌翻译"

选择"添加至谷歌浏览器"

CNBC新闻的示例

1. 点击画面右上角工具条中的扩展程序图标

2. 点击固定图标

FTSE 100	6224	▲ 44	0.71 %
DAX	12815	▲ 118	0.93 %
CAC 40	5063	▲ 56	1.11 %

翻译

1. 选择想要翻译的部分

2. 点击"谷歌翻译"的图标

3. 英语被翻译成了母语，点击英语左侧的喇叭图标还能够听到英文的发音

总结

翻译工具的使用频率很高，请事先设置好。

82

应该掌握的金融相关英语词汇

English Financial vocabulary you should know

新闻报道中会使用很多动词。通过动词我们就能区分价格是上涨还是下跌。

虽然也有表示价格没有变化的动词，但绝大多数都是与上涨和下跌相关的动词，因为新闻都是以吸引眼球为卖点，所以经常会使用一些很夸张的表达。

我推荐大家将新闻中经常出现的表示"上涨"和"下跌"的词汇分别记在笔记本上。用智能手机和平板的笔记本来记录也可以。

另外，在看新闻的时候，还会遇到许多需要掌握的英文词汇。

比如，与经济、金融、股票、政治相关的重要词汇"Stock Equity"，这是"股权"的意思，"Public Stock"是"上市股票"，"Private Stock"是"未上市股票"。其他与"债券""商品""不动产""市场"等相关的重要词汇我都总结在下一页上，请大家务必牢记。

当遇到不认识的词汇时，我会截屏保存下来。然后利用坐电车时或其他空闲时间来记忆这些词汇，坚持每天拿出 10 分钟来记词汇，就能逐渐提高自己的英语阅读能力。

经济新闻中常见的重要词汇

代表上涨的词汇

climb
surge
increase
rally

代表下跌的词汇

crash
decline
fall

与股票相关的词汇

Stock Equity	股票
Public Stock	上市股票
Private Stock	未上市股票

与债券相关的词汇

Bond	债券	Government Bond、Treasury	国债
Fixed	固定	Corporate Bond、Credit	公司债券
Income	利息		
Debt	债务		
Loan	融资		

与商品相关的词汇

Commodities	商品
Metals	金属
Precious metals	贵金属
FX、Currencies、FOREX	汇率

与不动产相关的词汇

Real Estate、Property	不动产
Commercial	商业用
Residential	住宅用
Industrial	工业用
Logistics	物流

与市场相关的词汇

Developed Market	发达国家
Emerging Market	新兴国家

总结 掌握与经济相关的词汇是理解新闻标题的第一步。

83

与平时没说过话的人交流

Talk to new people whom you usually do not speak with

要想有效地利用时间，关键在于不要重复同样的行动，也就是**将时间的使用方法多样化**。为了做到这一点，最好的方法之一就是与尽可能多的人交流。

人与人之间的交流也存在层级，就像洋葱的鳞茎一样。

你自己是洋葱最中间的部分，在你外圈的是家族和亲友，再外面一圈是"有工作关系的人"。

再外面一圈是"虽然认识但不算朋友，工作上也没有交集的人"。

一般来说，位于最内圈的人应该不超过 10 个。而随着层级逐渐向外延伸，人数也会不断地增加。

绝大多数人都会和内侧层级的人频繁地交流。但这样很容易出现"每天几乎都和同样的人见面"的情况，获得的也都是相似或重复的信息。

但**如果你能够听取不同人的意见，就能够使自己获取的信息多样化，提高信息的质量**。这也能够提高你成为有钱人的概率。

根据全世界规模最大的管理顾问公司麦肯锡的数据，企业拥有的员工多样性越强，其超越行业平均水平的概率就越高。瑞信也进行过同样的调查。其他许多类似的调查结果也表明多样化能够提高时间的利用率。

职场中女性比率与业绩的关系

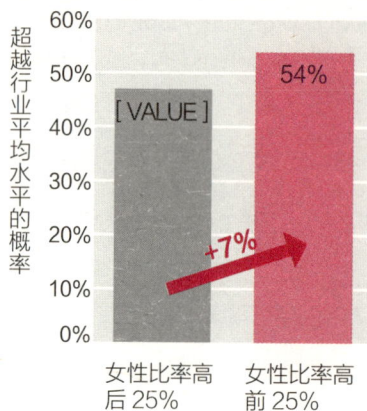

超越行业平均水平的概率

[VALUE]	54%

+7%

女性比率高
后 25%

女性比率高
前 25%

文化（外国人）多样性与业绩的关系

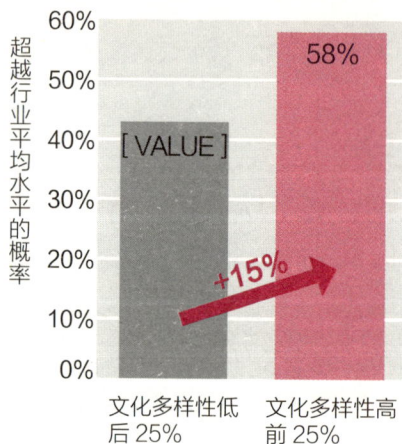

超越行业平均水平的概率

[VALUE]	58%

+15%

文化多样性低
后 25%

文化多样性高
前 25%

资料：McKinsey & Company, Diversity Matters, 2015
出处：经济产业省经济产业政策局经济社会政策室"关于多样性的综合调查"（2016 年）

总是和同样的人在同样的时间做同样的事情，就很可能出现时间的无效重复。关系好的人和性格相似的人，思维方式很有可能也一样，这样相互之间的交流就难以获得新的信息。你与家人、朋友、同事交流的时候是不是总是在说同样的话题呢？因此积极地改变话题非常重要。

　　哪怕一天只有一次也可以，**请和平时几乎从不说话的人进行一下交流。**如果觉得交流 10 分钟有困难的话，交流 1 分钟也好。

　　这样可以增加你的想象力，使你接触到更加宽广的世界，了解不同的意见和想法。根据我的经验，这是最简单的提高时间使用效率的方法。

总结

最简单的提高时间使用效率的方法就是
和平时几乎从不说话的人进行交流。

84

全世界的成功人士在周末做什么

What do Successful people do on the Weekends?

要想更有效地利用时间，首先要避免的就是"工作过度"。全世界的成功人士大都非常重视"工作与生活的平衡"。

可能很多人都认为越成功的人越繁忙，如何才能平衡工作与生活呢？根据某项调查的结果，成功人士在周末休息的时候大多会做以下几件事。

- 读书
- 与家人一起度过
- 运动
- 吃好睡好

除了上述几点之外，排在第七位的"尝试新事物"我认为也很重要。试着阅读 5 分钟完全不感兴趣的书，这样做或许也会带给你全新的发现。

排在第八位的"享受自然"也很重要。尤其是经常对着电脑和手机屏幕的人，下意识地去享受一下自然风光很有好处。

排在第九位的是"享受独处的时光"。通过放松来审视自己的时间同样重要。

我其实是一个非常不善于区分工作和生活的人。因此我总是会工作过度。我也知道这一点，但就是控制不住自己。有时候我的身体跟不上大脑思考的速度，就会感觉身心俱疲。

成功人士在周末做的事

1	读书
2	与家人一起度过
3	运动
4	做自己感兴趣的事
5	享用美食
6	早睡
7	尝试新事物
8	享受自然
9	享受独处的时光

出处：Life Hack

过度工作会使时间的利用率大幅降低，这一点我深有体会。

为了更有效地利用时间，不让自己过度工作，我希望大家也能参考成功人士享受周末的方法。

我现在使用谷歌日历来避免工作过度的情况。我会在时间表上提前做好"休息"的提醒事项。

此外，为了更有效地利用时间，**所有的会议都会预定，并且根据重要度用颜色区分**。这样就可以使工作状况一目了然。

此外，**积极做投资的人最好每个月固定一天进行投资**，并且将这个行动也安排进时间表之中。只要将所有的行动都记录在时间表里，就不会出现"我是不是忘了做什么"的不安，减轻心理压力。

总结 为了避免工作过度，最好在时间表上提前做好"休息"的提醒事项。

85

减轻压力的 3 个方法
3 ways to decrease your stress level

我们经常会面临各种各样的压力。如果能够尽量减轻压力的话，就能降低失败的概率，并且更有效地利用时间。

根据我的经验，通过以下 3 个方法就能极大地减轻压力。

第一个是**保持身体温暖**。我在华尔街工作的时候，办公室里的温度总是被设定得很低。似乎是因为身体感觉寒冷的话血液就会集中在头部，提高注意力。在华尔街工作的人都亲身体验过效果，所以总是把办公室的温度设定得很低。

但身体总是处于寒冷的状态，会由于血液流通不畅而容易生病，同时容易产生压力。为了尽可能地减轻压力，我们应该保持身体温暖。

我在下意识地保持身体温暖之后，压力减轻了许多，身体也变得更健康了。我在早晨起来感觉身体状态没有达到 100% 的时候就会洗一个热水澡。

第二个是**在身体状态不佳时不听大音量的刺激性音乐**。很多人都喜欢听音乐来放松心情。事实上，听古典音乐确实有助于减轻压力。

但也有一些人会为了减轻压力而听重金属之类的刺激性音乐。我也经常听重金属音乐，但我在身体状态不佳时就不听。比较悲伤的音乐也应该尽量避免。因为音乐与压力之间存在着很大关系。请根据自己的身体状况选择合适的音乐。

第三个是**不要害怕失败。**我曾经周游许多国家，感觉日本社会对失败的容忍度最低。过于害怕失败，会使人无意识地跟随绝大多数人的方向前进。**但前往不适合自己的方向，会使人产生巨大的压力。**因此，仔细地观察周围的情况，选择适合自己的方向前进才是最重要的。这样可以使你更有自信，也能减轻压力。

我属于当机立断并且立刻行动的性格，所以一开始选择做了交易员。但我对需要花费很长时间才能完成的项目非常不擅长。而且我不懂时尚，买 10 件西装几乎都是同样的款式。但我从不害怕失败，选择自己擅长的事情并大胆地去挑战，这也使我减轻了大部分压力。

只要大家参考上述 3 个方法，就能极大地减轻自己的压力。

绝对不能做的3件事

1. 让身体感觉寒冷。
2. 身体状态不佳时听大音量的刺激性音乐。
3. 因为害怕失败而采取和大家一样的行动。

总结 减轻压力之后就能产生自信，更容易取得成功。

86

节约最大笔支出的"居住费"
就能一举两得

Saving on housing expenses is very beneficial

　　根本存不下钱，很多人都有这样的烦恼。但存钱的方法其实非常简单。**只需要增加收入、减少支出即可。**

　　我的父母都不是有钱人，所以从小就教育我要勤俭节约。我从很小的时候开始就养成了不乱花钱的习惯。

　　接下来我就为大家介绍一些我的节约习惯。

　　从美国每个月的个人支出情况数据可以看出，**占比最大的就是居住费，也就是房租和贷款。**

　　这一点在欧洲也一样。我曾经在许多国家生活过，而且我有将自己的支出用 Excel 做记录的习惯，从我的这些记录上来看，其中占比最大的也确实是居住费。

美国的个人支出数据

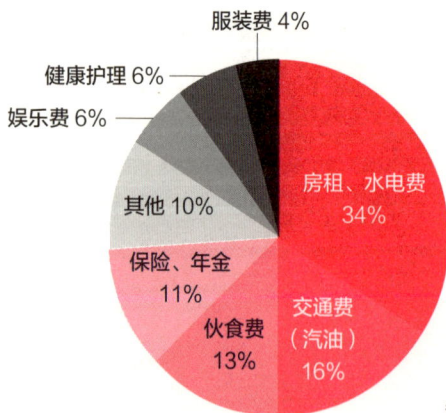

服装费 4%

健康护理 6%

娱乐费 6%

其他 10%

房租、水电费 34%

保险、年金 11%

其他 10%

交通费（汽油） 16%

伙食费 13%

参考：DOUGHMESSTIC

欧洲的个人支出数据

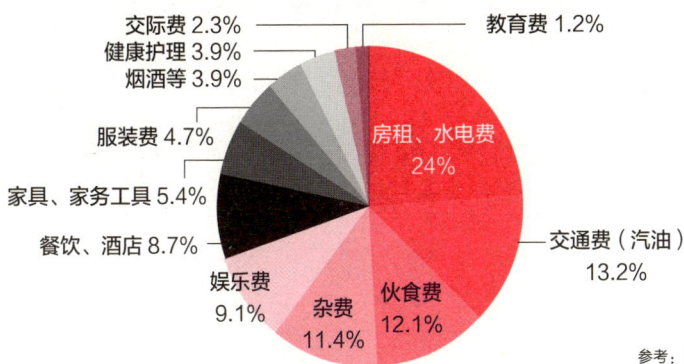

交际费 2.3%
健康护理 3.9%
烟酒等 3.9%
服装费 4.7%
家具、家务工具 5.4%
餐饮、酒店 8.7%
娱乐费 9.1%
杂费 11.4%
伙食费 12.1%
房租、水电费 24%
交通费（汽油）13.2%
教育费 1.2%

参考：Eurostat

因此我最推荐的就是**在居住费上下功夫**。因为这样就能够存下钱来。

尤其是在日本，稍微离车站远点的地方，房租就会降低不少。可能很多人都认为距离车站远的话会浪费时间。

但就算距离车站的路程从 5 分钟增加到 15 分钟，如果换个角度来看的话，步行的距离增加了，会使我们的身体变得更加健康。这样既能够减少房租，又能获得健康的体魄，岂不是一举两得？

我现在也从市中心搬到了距离车站步行 10 分钟的地方。当然，离车站越近生活越便利，但距离车站稍微远一点的地方房租便宜很多。

从全世界范围的数据来看，居住费都是支出中占比最高的一项，因此只要减少了这部分的金额，就能极大地减少开支。

总结 住在距离车站稍远一些的地方，不但能够节约房租，还能促进健康。

87

网购的功效
Online shopping can be quite effective

第二个简单有效的节约方法就是**多利用网络购物。**受新冠肺炎疫情的影响，大家可能都已经接触过网络购物了，我推荐大家将网购坚持下去。

从世界范围的数据来看，绝大多数人推荐网购的原因之一都是"价格便宜"。另外有调查数据表明，还有人认为网购最大的好处是方便快捷，但同时也提到了价格便宜。事实上，任何一项针对网络购物的调查，都会得出"网购价格更便宜"的结论。网购虽然需要支付快递费用，但这部分的费用并不高。

此外，网购还可以更方便地货比三家，只需要将不同网站上的价格进行对比即可。

网购还有一个好处就是节约时间。当然，去实体店购物也有不可替代的优势，比如，购买大型家具等商品时还是需要到实体店去亲自确认一下才放心，但已经重复购买过许多次的商品就没必要每次都亲自确认了。

比如，我很喜欢吃纳豆、味噌和豆腐，而且每次都买同一个品牌的商品。在这种情况下，通过网络来进行购买就能够节省大量的时间。

去实体店购物是从琳琅满目的商品中挑选出自己喜欢的，而网购则是为了直接购买目标商品。也就是说，网购的目的性更强，不容易出现冲动消费，**自然也能节约开支。**

美国人对"实体店VS网购"的看法

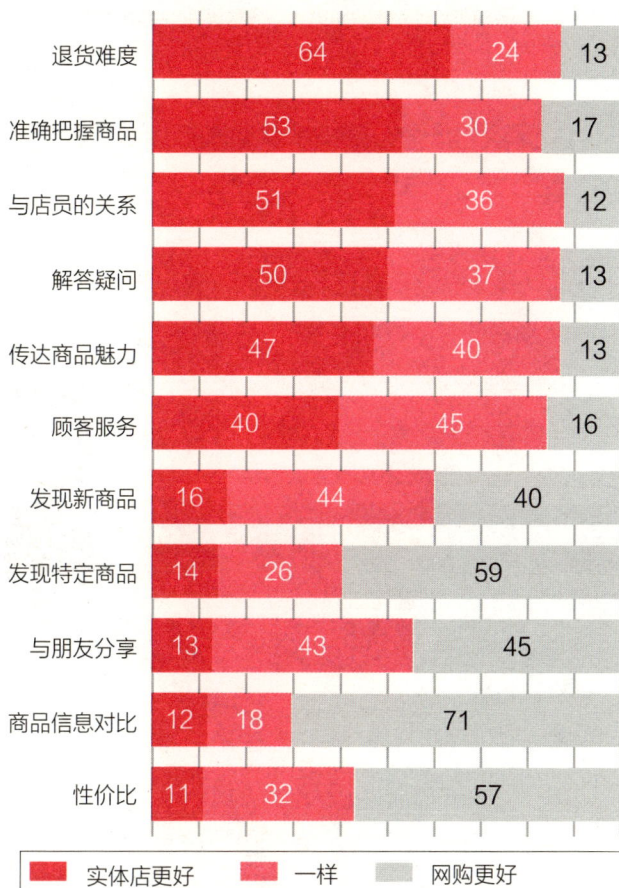

项目	实体店更好	一样	网购更好
退货难度	64	24	13
准确把握商品	53	30	17
与店员的关系	51	36	12
解答疑问	50	37	13
传达商品魅力	47	40	13
顾客服务	40	45	16
发现新商品	16	44	40
发现特定商品	14	26	59
与朋友分享	13	43	45
商品信息对比	12	18	71
性价比	11	32	57

■ 实体店更好　■ 一样　■ 网购更好

参考：marketing charts

总结　网购不但价格便宜，而且能节省时间。

88

美国人需要 7400 万日元的养老金

US Retirement requires ~$740k in savings!

人生中最大的支出是什么？根据美国的数据，排在第一位的是**"养老金"**。

美国人一生的平均支出

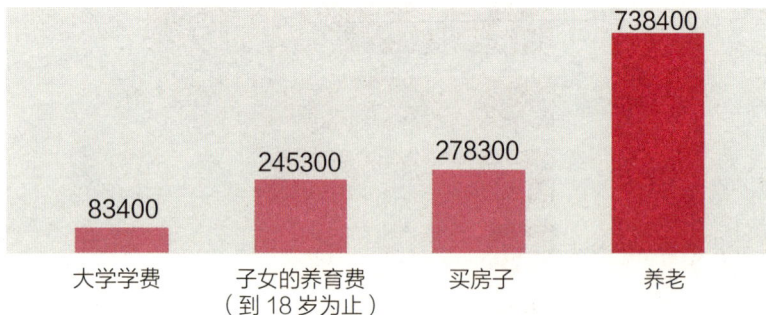

参考：Finances in Retirement: New Challenges, New Solutions

大约一年前，"养老需要 2000 万日元"的话题在日本引起热议。而在美国，养老需要 73.84 万美元（约 7400 万日元）（2016 年"USDA/ 消费者支出调查数据"）。虽然这个金额是日本的好几倍，但不同的计算方法最后得出的结果也大不相同，所以不能完全相信媒体的报道。

然而不管实际的金额是多少，养老需要巨额的资金是千真万确的事。因此，如果不能解决养老资金的问题，就很难消除关于金钱的诸多烦恼。

为了给老后的生活做准备，储蓄十分必要。我对日本人的储蓄情况进行了调查，2019 年的数据显示，绝大多数日本人的储蓄金额还不到自己年收入的 10%。这实在是让我感到非常惊讶。

美国人"在金钱上最后悔的事"

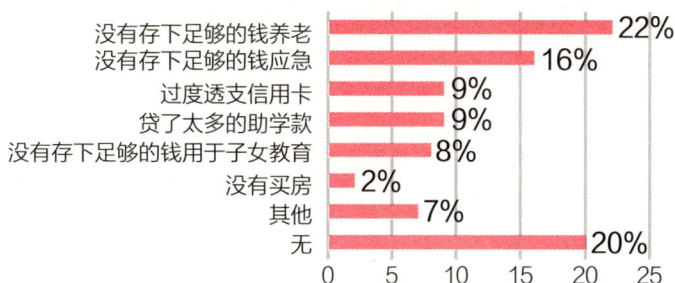

	百分比
没有存下足够的钱养老	22%
没有存下足够的钱应急	16%
过度透支信用卡	9%
贷了太多的助学款	9%
没有存下足够的钱用于子女教育	8%
没有买房	2%
其他	7%
无	20%

参考：Bankrate's Financial Security Index, May4-7 2017

美国人为了养老和应急，会将年收入的多少用于储蓄？

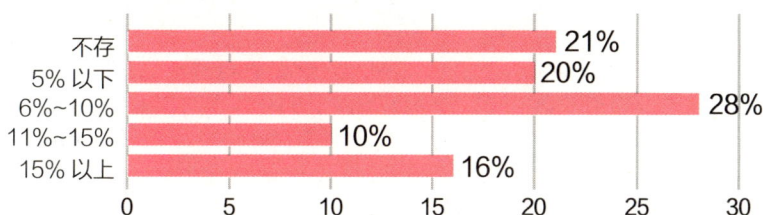

	百分比
不存	21%
5% 以下	20%
6%~10%	28%
11%~15%	10%
15% 以上	16%

参考：Bankrate's Financial Security Index, Feb.26-March 3

而且只有很少一部分人会用这笔钱进行投资。不仅日本，全世界各个国家的人都缺乏对投资的理解。现在世界各国的政府都背负着巨额的债务，我认为今后政府养老金将出现严重的问题。

顺带一提，根据一项调查的结果，美国人认为"在金钱上最后悔的事"，排在第一位的就是"没有存下足够的钱养老"。

总结 不能依赖政府的养老金，只能靠自己积攒养老金。

89

最大的浪费就是不进行任何投资

The biggest wasteful spending is Not Investing

怎样做才能保证老后有足够的资金维持生活呢？

答案很简单，那就是**"进行平均成本投资"**。

只要坚持进行平均成本投资，即便每个月只投资很小的金额，日积月累也能使你获得巨额的财富。而进行平均成本投资的关键就在于要**尽早开始**。

为了存下 1000 万日元（约 10 万美元），需要"多长时间"和"多少收益率"呢？假设每个月存 1 万日元（100 美元），每年的收益率为 8% 且将收益继续用来投资的话，需要 25 年存下 1000 万日元。

我认为绝大多数人都可以每个月从支出中节约 1 万日元并将其用于投资。如果能够保证 8% 的收益率，那么只要坚持 25 年就能获得 1000 万日元的收益。

可能有人怀疑"怎么可能有那么高的收益"，但这是完全可能的。

从美国最有代表性的股价指数 S&P500 过去的数据来看，从 1871 年起平均增长率就一直保持在 9%～11% 的程度。

也就是说，**只要你购买美国的股票并持有，就能够获得 9%～11% 的收益**。

如果你能在此基础上趁股价下跌时买入，等股价上涨后卖出的话，或许还能获取更多的收益。只要能够顺应市场的趋势，获得 10%～20% 的收益也不是梦。

我想一定有很多人因为嫌麻烦而不愿投资。但金钱是任何人都需要的东西。实际上，即便不进行任何交易，只要购买股票并持有，就能够获得 9%～11% 的收益。

日本人大多喜欢将钱存进银行，即便存款利息几乎为 0。这是为什么呢？**不了解投资的方法可能是原因之一。**因为不知道投资的方法，即便尝试了投资也很容易失败，结果就生出"再也不投资了"的想法。

你不投资，我不投资，他也不投资，因为大家都不投资，反而感到安心。但我认为这实际上是一种社会的失败。

最大的浪费就是不进行任何投资。

我在自己的 YouTube 频道上介绍了投资的方法，请感兴趣的读者一定要看一看。

S&P500的年平均增长率

From	To	No Inflation	With Inflation
1871	2019	9.04%	6.82%
1891	2019	9.49%	6.53%
1911	2019	9.94%	6.61%
1931	2019	10.51%	7.00%
1951	2019	10.78%	7.13%
1971	2019	10.46%	6.32%
1991	2019	9.73%	7.31%
2011	2019	14.65%	12.93%

出处：THE MONEY WIZARD

总结 只要坚持每个月进行 1 万日元的平均成本投资，任何人都能在 25 年后获得 1000 万日元。

结 语

被称为投资之神的沃伦·巴菲特是我非常崇敬的投资者之一。巴菲特给全世界的投资者提出了许多宝贵的建议，其中有这样一句话：

"复利是世界第八大奇迹。理解复利的人就能够获得收益，而不理解的人则将承担损失。"

复利指的是用利益继续获得利益的效果。比如，投资 100 万日元能够获得 5% 收益的情况下，一年的利益就是 5 万日元。

第二年你将这 105 万日元继续用于投资，并且再次获得 5% 的收益，那么第二年的利益就是 105 万日元 ×5% 等于 5.25 万日元。如果你坚持进行 10 年这样的投资，100 万日元就变成 155.3 万日元了。

虽然收益率并没有改变，但你实际获得的利益增加了。这就是复利的效果。**而且复利坚持的时间越长，成效越大。**

因此，为了充分地享受复利带来的好处，**应该尽可能早地开始投资。**

当你看完本书之后，请尽快站在起跑线上吧。这样你就能一步一步地接近成为有钱人的目标。

投资的关键在于**不要害怕失败**。正如本书反复提到的那样，日本社会对失败的容忍度很低。这实在是令人感到非常遗憾。

投资不可能一次也不失败。我在华尔街工作的时候也出现过巨大的损失。而我之所以出现这么大的损失，就是因为我不愿承认自己的失败（参见第 20 页）。

我的导师曾经教导我，**"要想成为有钱人，就要掌握失败的方法"。**小小的失败带来的损失也不大，但可以从失败中学习经验和教训，并且保证今后不再犯同样的错误。

希望大家也能掌握失败的方法。

本书的出版，离不开大家的帮助和鼓励。在本书的最后，我想向帮我实现本书企划的 KANKI 出版编辑部的庄子链先生，以及为我的创作提供帮助的向山勇先生表示由衷的感谢。此外，向帮我检查原稿并提出宝贵建议的 Zeppy 董事长 /CEO，也是我的投资家同行井村俊哉先生致以由衷的谢意。

还有常年为我提供贴心的关怀和帮助的 A 夫妇，以及我在波士顿居住时每周都会去的波士顿日语学校的诸位，也借此机会向你们表示感谢。

还有向教会我规律、伦理、努力、勤勉等各种美德的父母表示最真诚的感谢。父亲在我很小的时候就教会我投资的方法。母亲则努力地教会几乎一直在海外生活的我说日语，像这样优秀又可靠的母亲简直是绝无仅有。

最后，在华尔街和东南亚教会我宝贵经验的前辈，和我一起努力拼搏的伙伴，在日本和美国的新老朋友，关注我 YouTube 和 SNS 的诸位，以及阅读本书的你，非常感谢！衷心地感谢大家！

高桥丹

成为有钱人的"投资路线图"

本书介绍了"要想成为有钱人应该如何投资"的方法，最后我想为大家总结一下成为有钱人的"投资路线图"。

首先大家应该做的，就是对自己每个月的支出进行整理。将支出分为：①居住费（房租、房贷等）；②自己和家人的费用（生活费、教育费等）；③其他。其中①和②是必要支出，③中的支出则应该尽量用于投资。

决定用于投资的金额之后，将资金分为长期投资和短期投资。长期投资以获取稳定的收益为目标，短期投资以获取高额收益为目标，这样能够提高投资的整体收益率。

至于投资的比率可以根据你自己的投资经验和性格来决定。有投资经验和敢于冒险的人，可以在短期投资上投入多一些。总之，大致的比率应该是长期投资 70% ~ 90%，短期投资 10% ~ 30%。

然后是将长期投资的资金分为三类：①股票、公司债券、不动产（40% ~ 60%）；②国债、现金（10% ~ 30%）；③商品（20% ~ 40%）。这个比率也可以根据你自己的投资经验和性格在一定范围内进行调整。

上述分类中的每一项都有对应的 ETF。虽然也有相应的投资信托，但我更推荐 ETF。具体的推荐商品请参见第 58 ~ 66 页。但我介绍的只是很少的一部分，大家最好还是自己分析后做出选择。

决定想要投资的 ETF 之后，就坚持每个月购买一次。为了防止遗忘，最好制作时间表并设置提醒。ETF 不能自动投资，每次都必须手动购买。我推荐在市场没有变动的周末下单。

短期投资需要一定经验，但关键在于把握市场的趋势。**不要追求一次赚取巨额的收益，而是应该以不断获取小额收益为目标**。此外，短期投资需要具有一定的图表分析能力。虽然本书也介绍了一些方法，但市面上还有许多专业的图表分析书籍，大家可以选择一些感兴趣的看看。

当然，只学习不实践的话，永远也不会获得收益。所以当大家掌握一定程度的知识以后，请一定**先用小额的本金来实际尝试进行投资，不要害怕失败**。

当你决定长期投资的时间表，并且开始为短期投资而学习知识，那么你就踏出了成为有钱人的第一步。但要想通过投资取得成果，还是需要日积月累才行。所以请尽早迈出第一步吧！

卷末附录：成为有钱人的"投资路线图"

1	将收入分为3部分	➡	P48
2	将投资资金分为长期投资和短期投资	➡	P49
3	决定长期投资的资产比率	➡	P51
4	决定长期投资的ETF	➡	P58~66
5	决定每个月投资的时间表	➡	P201
6	学习短期投资知识，用小额本金实际尝试	➡	P78~96

【作者简介】

高桥丹

出生于东京，日本籍。10 岁之前在日本度过。之后搬家到美国，12 岁开始投资。21 岁时，在康奈尔大学以 Magna Cum Laude 毕业。

19 岁时，在纽约的华尔街作为夏季实习生工作。21 岁开始全职工作，从事投资银行业务、交易。26 岁与人合伙成立对冲基金公司，30 岁卖掉自己的股票，之后移居新加坡。周游了全世界 60 个国家，2019 年秋回到东京。

2020 年 1 月正式开始在 YouTube 上投稿视频，短短 3 个月，频道的订阅人数就超过了 10 万。截至同年 8 月，日语的主频道有 20 万人关注，英语频道有 4 万人关注。非常喜欢纳豆和肌肉锻炼。

【执笔协助】

向山勇

自由撰稿人。曾任《货币》杂志主编。现在为"PRESIDENT"等许多媒体创作内容的同时，还从事经营、金融、投资相关书籍的制作。